寅さんのことば

生きてる？　そら結構だ

前口上

「私　生まれも育ちも葛飾柴又です」

渥美清さんの歯切れの良《よ》い口上《こうじょう》とともに、映画『男はつらいよ』は、昭和四十四（一九六九）年八月二十七日に産声を上げました。テキ屋で渡世人の主人公・車寅次郎は、アポロ11号の月面着陸から一カ月と一週間後、銀幕に登場したのです。日本映画界では、やくざ映画が全盛でしたが、寅さんは、カッコイイ侠客《きょうかく》になりきれないからこそ、学生運動の若者やサラリーマンたちの共感を呼んだのです。

ある意味、寅さんは一九六九年の「カウンター」でした。カウンター・カルチャーとは、権威主義に抗《あらが》う対抗文化という意味です。ボブ・

ディラン、チェ・ゲバラ、横尾忠則さん同様、カウンター・カルチャーのヒーローだったのです。

当時アメリカではヒッピー文化全盛、ニューシネマの時代を迎えていました。イギリスではビートルズが解散前、最後と言われた名盤「アビイ・ロード」を制作。そのレコーディング・セッションは、テレビ版『男はつらいよ』で寅さんがハブに咬まれて死ぬ最終回前から、ファンの熱い声で見事に復活した映画第1作の公開二日前まで行われていました。今では『男はつらいよ』も「アビイ・ロード」もクラシックスとして、半世紀を経てもなお、親しまれていますが、初期の寅さんは、まさにカウンター・カルチャーのアウトローでした。だから、寅さんはカッコイイのです。

その寅さんも、長い渡世の中で、少しずつ成長していきました。シリーズ中期からの寅さんは、人を想《おも》う優しさに溢《あふ》れています。カッコよくて優しい。まさに二枚目なのです。

相手の幸せを願って行動するのが寅さんです。自分さえ良ければ、ではなく、相手が幸せならば、自分はそれでいい、という無私の人でもあります。残念ながら、今のリーダーである政治家や経営者を見ていると、相手よりもまず自分という人が目立ちます。ただでさえ生きるのが大変な時代。そうした寅さんの無私の姿は、ぼくたちの理想でもあります。

寅さんは、決して立場や身分で人を見ません。能力や生産性ではなく、懸命に生きているのか、自分に素直に生きているのかで、見るのです。映画を観《み》れば観るほど、それを実感することができます。

つらいこと、悲しいこと、悔しいことを沢山経験してきた「寅さんのことば」に触れると、ぼくたちは幸せな気持ちになれます。それは、行動やことばを通して、寅さんの人生を垣間見ているからなのです。シリーズ初期、愚かしきことの数々や豪快な失恋を続けてきた寅さんですが、歳月を重ねるうちに「本当の幸せとは何か」に気づくようになっていきます。

時代が昭和から平成、そして令和へと変わっても、寅さんは「何が大事か」を教えてくれます。自己中心の成功者ではなく、アウトローである「寅さんのことば」から、あらためてそれを学ぶことに、喜びがあるのです。

佐藤利明

寅さんのことば◎目次

桜が咲いております。
懐かしい葛飾の桜が
今年も咲いております。…80

*

アイ・ラブ・ユー
できるか、青年。…86

思ってるだけで、何もしないんじゃな、
愛してないのと同《おんな》じなんだよ。…90

ああ、
とうとう今日も来なかったか。…94

やっぱり二枚目はいいなあ、
ちょっぴり妬けるぜ。…98

あぁ、俺にふんだんに
銭があったらなぁ。…102

つまりさ、
こっちがいいなぁ、と思っても、
向こうが、良くないなぁって
こともあるしさ。…106

お前は、あの男が好きだし、
あいつはお前に惚れてるよ。
俺から見りゃよくわかるんだ。…110

奥さん、俺は汚《きつた》ねえ男です。…114

たとえ、地球の裏と表に、
身体は離ればなれになっていたとしても、
気持ちというのは
通じるもんですよ。…118

女にふられたときは、
じっと耐えて、一言も口をきかず、
黙って背中を見せて去って行くのが、
男というものじゃないか。…122

じゃ、俺なんか総合的に見たら、
真面目じゃないってわけか？…126

俺とこの女は生まれる前から、
運命の不思議な赤い糸に
結ばれているんだよ。…130

*

貧しいなぁ、うちのメニューは。
もうちょっと何かこう
心の豊かになるおかずはないかい、
たとえば厚揚げだとか
筍《たけのこ》の煮たのだとか。…136

ただいま。おかえりなさい。
お腹空いたのか？
こういう幸せな連中には、
あの不幸せな娘の気持ちは
わからないなぁ。…140

明日《あした》からな、
家中そろって面白楽しく、
ホカホカホカホカホカ暮らすんだよ。…144

あのな、早いとこ、
この土地の言葉憶えて、
いい友だちを作んな。よかか？…148

歌子さんこれから
長旅で疲れて帰って来るんだから、
二階へスッと行って
布団をサッと敷いてやる、
いいね。…152

姐さんの芸を
見に来たと思えば、
腹も立たねえだろう。…156

大丈夫だよ、まだ若いんだし、
これからいいこと
いっぱい待ってるよ。…160

俺もね
母親知らねえで育ったんだ。
だからどうも、こういうチビ見ると
他人事とは思えなくってよ。…164

写真提供◎松竹株式会社
装丁◎石間淳
組版◎美創

今夜中にこの雨もからっと上がって
明日はきっと
気持ちのいい日本晴れだ。
お互《たげ》えにくよくよしねえで
頑張りましょう。

第8作『男はつらいよ　寅次郎恋歌』から

励まして励まされる

とある漁師町。秋の長雨にたたられて、寅さんの商売も上がったり。ならばと芝居小屋へやってきたものの、一座は休演です。舞台では座員たちが稽古に励んでいますが、テキ屋同様、その日の稼ぎが頼りの一座だけに、座長の表情も沈みがちです。

第8作『寅次郎恋歌』の冒頭場面です。坂東鶴八郎一座の座長を演じているのは、吉田義夫さん。東映時代劇の悪役などでおなじみのバイプレイヤーです。

「とうとう本日の昼の部は、一人もお客様がお見えにならない次第でございます」

「ああ、そうかい、そりゃ気の毒だなぁ」

寅さんは「なぁ、座長さん、お互えに稼業はつれえやなぁ。まあ、こんなことはいつまで続くもんじゃねぇよ」と励まします。それに続くのが、このことばです。テキ屋も旅役者も、お天道さん頼みの浮草稼業。つらいこともあれば、良いこともある。今日は雨でも「明日はきっと気持ちのいい日本晴れだ」と優しく微笑む寅さん。相手の気持ちが痛いほどわかるからこその、優しいことばです。

旅の人生で寅さんは「雨の日もあれば、晴れの日もある」ことを、身をもって知っています。だから、くよくよしないで、お互い頑張りましょう、と励ますことができるのです。

傘も持たない寅さんを気遣う座長は稽古をしていた娘役者・大空小百合（岡本茉利）を呼びます。まだあどけない表情は、フェデリコ・フェリーニの名作『道』（一九五四年）でジュリエッタ・マシーナが演じた、無垢な旅芸人の少女・ジェルソミーナのようでもあります。

小百合が番傘を差して、寅さんを宿まで送ります。せめてもの御礼です。相手の気遣いに、自分ができることで応える。これが本当のコミュニケーションです。気持ちが大きくなった寅さん。送ってもらった御礼にと「これはほんのちょっとだが、せめて座員の皆さんで一杯飲んでくれ」と五千円札を渡します。うっかり五百円札と間違えてしまったのですが。やがて寅さんは、柴又でいつものように恋をして、いつものように失恋します。

そんな悲しい気持ちを吹き飛ばしてくれるのがラスト、坂東鶴八郎一座との再会です。しかも富士山が見渡せる素晴らしい光景の中、寅さんが言った通りの「気持ちのいい日本晴れ」なのです。

生きてる？　そら結構だ。

第48作『男はつらいよ　寅次郎紅の花』から

存在を確かめ合えればよし

寅さんは、一年の大半を旅先で過ごしています。その消息は、たまにかかってくる電話や、ハガキで知るしかありません。時折、望郷の念にかられ、旅先の食堂や、駅の赤電話から、十円玉を気忙《きぜわ》しく入れながら「元気でやってるか？」と、電話をかけてきます。さくら（倍賞千恵子）たちも「今頃は何してるんだろう？」と思いながら暮らしています。だからこそ、たまの電話に「どうしてたの？」と、さくらは満面の笑みで、受話器の向こうの寅さんに声をかけるのです。

公衆電話から小銭で電話をかけるのが寅さんのスタイルです。シリーズ後期には普及していたテレホンカードを、一度も使ったことがありません。ましてや携帯やスマホ、メールなど思いもよらない時代です。

第48作『寅次郎 紅《くれない》の花』の寅さんは、阪神・淡路大震災の直前、神戸市長田区からお菓子を送ってきて以来、音沙汰がありません。震災から半年、さくらは「お兄ちゃん」の身を案じ、新聞広告を出します。

「寅　みんな心配しています　連絡して下さい　さくら」

さくらたちの心配をよそに、寅さんは相棒のポンシュウ（関敬六）と楽しい旅を続けていました。桜島を望む鹿児島の食堂から、久しぶりに電話をします。電話に出たのは、店員の佳代ちゃん（鈴木美恵）。「おたく、誰ですか？」「寅だ」「どこのトラさんですか？」と要領を得ません。「さくらを呼べ」「誰もいません」。そのやりとりが笑いを誘います。

寅さんが「死んじまったのか」と聞けば「生きてます」とぶっきらぼうな佳代ちゃん。そこで寅さんの「生きてる？　そら結構だ」です。

さくらやおばちゃん（三崎千恵子）の温かいことばを期待していた寅さんは、拍子抜けしますが、生きていれば、それで何より。元気でいるなら、なお結構。すぐ後、店に来たさくらは「寅って人から変な電話があった」と聞いて「なんだ、生きてたのか、損した、心配して」と、安《あん》堵《ど》します。

「生きてる？　そら結構だ」

「なんだ、生きてたのか」

同じ空の下、元気でいればそれでいい。寅さんも、さくらも、その気持ちは同じです。「自分はここにいる」「今、こうしている」を伝えることは、ことほど左様に大事です。現在のＳＮＳでの発信も「存在証明」です。心配が安堵になる。それは、自分は一人ぼっちじゃない。誰かが思ってくれている、と実感できる瞬間でもあるのです。

旅先で
ふるいつきてえような、
良《い》い女とめぐり合うことさ。

第41作『男はつらいよ　寅次郎心の旅路』から

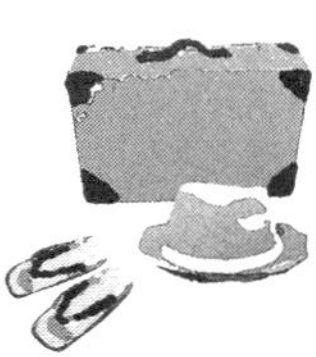

生きてるなあ、を味わっているか

風の吹くまま、気の向くままの寅さんは、お天道さまに恥ずかしくないように生きています。何物にも縛られずに、肩の力を抜いて、ふわりと生きている。そんな感じがします。

寅さんが自分のことを「遊び人」と言うことがありますが、その「遊び」という表現には、言葉通りの意味だけでなく、「人生の余裕」を感じることができます。

第41作『寅次郎心の旅路』で寅さんは、宮城県は栗原電鉄で、鉄道自殺未遂をしたサラリーマン・坂口兵馬（柄本明）と出会い、行きがかり上、彼を鳴子温泉のなじみの宿に誘います。

企業戦士として、懸命に働いてきた兵馬は、仕事に疲れ、人生の目的を見失ってしまいます。その身の上話を聞いた寅さん。「お前がいないと、会社潰《つぶ》れちゃうのか」。この一言に、ぼくたちはハッとさせられます。

寅さんはこれまでも、心が疲れてしまい、生きる目的を見失ってしまったサラリーマンを、ちょっとした一言や態度で、救済してきました。第15作『寅次郎相合い傘』で蒸発サラリーマンの兵頭パパ（船越英二）は、寅さんと出会い気ままな旅をしているうち、自分が何をしたかったのかに気づきます。

第34作『寅次郎真実一路』の証券マン・富永健吉（米倉斉加年《まさかね》）もハードワークで疲弊しているときに寅さんの自由さに触れ、故郷の鹿児島・枕崎へ自分の原点回帰の旅へと向かいます。

生きる目的を見失うほど、ワーカホリックになってしまっていいものか？　第41作の兵馬は寅さんとの出会いを通じて、変わってゆきます。そんな兵馬が寅さんの生きがいを聞きます。その答えがこのことばです。

寅さんの生きがいとは、「ふるいつきてえような、良い女とめぐり合うこと」。兵馬でなくても「いいなぁ」と思います。

兵馬は寅さんに心酔、こうして心身ともに疲れていた男が、生き生きと復活していく姿が、喜劇として描かれていきます。

映画を観ているぼくたちにも、毎回さまざまな気づきがあります。寅さんとの出会いに、あらためて感謝！　なのです。

労働者ってのは、
毎日うまい飯を
食ってるのかもしれねえな。

第35作『男はつらいよ 寅次郎恋愛塾』から

働くことの意味

寅さんの生業《なりわい》はテキ屋です。誰からも束縛されずに、自由気ままな旅の暮らしを満喫しているように見えます。お金がなくなれば、駅のベンチや神社やお寺で野宿をして、風の吹くまま、気の向くままです。

第39作『寅次郎物語』で、寅さんは「俺たちは口から出まかせ、インチキくさい物売ってよ、客も承知でそれに金払う、そんなところで、おマンマ頂いてんだよ」とさくらに語ったことがあります。

そんな寅さんは、実は労働者に対して格別の想いを抱いています。第5作『望郷篇』で、額に汗して油まみれになって働こうと一念発起したこともあります。「仕事ってのはね、何しても楽なものってのはないんだよ」。浦安の豆腐屋で働く寅さんは、一人娘の節子（長山藍子）に恋したからという動機があるにせよ、労働で汗を流す喜びを味わいました。

でも、寅さんは、労働が自分に向いていないことも、充分にわかっています。第39作『寅次郎物語』でさくらにこうも言います。「働くっていうのはな、博みてえに、女房のため、子供のため、額に汗して、真っ黒な手ぇして、働く人たちのことを言うんだよ」。それがわかっていながら、地道な暮らしができないのが「渡世人のつれえところ」なのです。

タコ社長（太宰久雄）の工場の工員たちに「労働者諸君！」と声をかける寅さんのことばは、懸命に働く者へのエールと自分にはできない生き方をしていることへの敬意が込められているような気がします。

さて、第35作『寅次郎恋愛塾』で、寅さんは長崎県上五島で知り合ったおばあちゃん・江上ハマ（初井言榮）が亡くなり、その墓掘りを買って出ます。旅の仲間のポンシュウと二人で、スコップを持ち、労働に勤《いそ》しみます。村の人からの心尽くしのおにぎりをほおばる二人。「うめえな」と声を上げるポンシュウ。寅さんは「労働者ってのは、毎日うまい飯を食ってるのかもしれねえな」としみじみ語ります。

寅さんには、数々の名言がありますが、これこそ「人は何のために働くのか」を言い当てた至言です。

人生についてよぅく考えろって。
ぼけっとしてる間に、
あっという間に
骸骨《がいこつ》になっちゃうんだから、
人間は。

第22作『男はつらいよ　噂の寅次郎』から

人生の一つの真実。だけれども

寅さんの旅には、出会いがつきものです。時には懐かしい人と再会して、楽しい旅のひとときを過ごすこともあります。

第22作『噂《うわさ》の寅次郎』では、木曽路をゆくバスの中で、例によって空財布の寅さんが、「社《やしろ》にでも泊まるか。今夜は冷えるだろうなぁ」と覚悟を決めます。すると後ろの老人が「一緒に泊まらんかね」と声をかけてきます。驚いた寅さん、「あんた、どういう人？」「君の親戚だよ」。そこで寅さん、ようやく博（前田吟）の父・諏訪飈一郎《ひょういちろう》（志村喬《たかし》）であることに気づきます。

その奇遇に喜び、親船に乗った気分で、夜は芸者を揚げて宴会を楽しむ寅さん。長らく大学教授をつとめてきたカタブツの飈一郎とは、第8作『寅次郎恋歌』以来の再会です。寅さんにしてみれば千載一遇、毎晩芸者遊びをしたいところです。

ところが飈一郎は「いくら美人でも、死んでしまえば骸骨だからな」と、読み止《さ》しの『今昔物語集《こんじやくものがたりしゆう》』の巻十九「春宮蔵人宗正出家語《とうぐうくろうど》」の話をします。ある男が絶世の美女と結ばれるも、妻は一年も経たないうちに亡くなってしまいます。諦《あきら》めきれず、妻の棺《ひつぎ》を掘り起こした男が見たものは、美しい顔とは似ても似つかない醜いもので、この世の無常を感じた男は、出家した、という話です。

感じ入った寅さんは、柴又に戻り、茶の間で「男はね、その日から二度と美しい妻の顔を思い出すことができなかった」と、自分なりの解釈を交えて「寅さんのアリア（一人語り）」として語ります。なぜか「今昔物語」を「コンニャク物語」と思い込んでいるのがおかしいのですが、寅さんは大真面目です。

そして翌朝、修行の旅に出ると宣言した寅さんが、おいちゃん（三代目・下條正巳）に言うのが、このことばです。

寅さんは「今昔物語」から真理を学び、旅立つ決意をしたのですが、そこへ、大原麗子さん演じる店員・早苗が出勤してきます。おいちゃんたちは寅さんに会わせまいとしますが、その美しさに、寅さんの決意はどこへやら。これも寅さんの真理なのですが……。

ま、そういったようなことを信じて、
生きて行こうじゃないか、な。

第19作『男はつらいよ　寅次郎と殿様』から

力を抜きつつ希望を持つ

寅さんは「風の吹くまま、気の向くまま」の人です。何事にも縛られず、しかも無理はしない。それがぼくらにとって、とても魅力的なのです。泰然自若、風にそよぐ葦《あし》のように、少し力を抜いて生きているような気がします。

そんな寅さんでも、どうにもならないピンチに陥ったことがあります。第19作『寅次郎と殿様』で、伊予大洲の藩主の末裔《まつえい》、殿様こと藤堂久宗(嵐寛壽郎)から、亡くなった末の息子の嫁を捜してほしいと頼まれた寅さん。酒の上ということもあって「きっと捜して会わしてやるから」と安請け合いします。

ところが手掛かりは鞠子《まりこ》という名前だけ。東京中捜すとなると、一日百軒としても百年はかかる、という事実を前に恐れをなしてしまいます。殿様からは矢のような催促があり、その願いを叶えることができないと悟った寅さんは、旅に出ることにします。

そんな寅さんに、さくらはこう言います。「他人《ひと》の嫁さんの心配もいいけどね。少しは自分のお嫁さんのことも考えてね」。寅さんは「もうこのことは諦めた方がいいんじゃないかな」と弱気です。そこでタコ社長に「まだ若いんだ。これからチャンスはあるよ」と励まされた寅さん。「人間の運命なんて、わからねえもんな」。この店を出た途端に「良い女に俺がバッタリ会って、その女と所帯を持っちゃうかもしれない」と冗談まじりに言います。「ま、そういったようなことを信じて、生きて行こうじゃないか、な」

この寅さんのことばは、どんなにつらいことがあっても、もうダメだと思っても、夢を忘れてはいけない。ささやかな希望を持って生きて行くことの大事さを、気づかせてくれます。

そう言って旅に出ようとした寅さん、とらやの敷居をまたいだところで、伊予大洲で出会った若い女性が訪ねてきます。おまけに彼女が、捜し求めていた鞠子（真野響子）だということがわかります。

ぼくたちは、この喜劇的な展開に大笑いしながら、寅さんの「人間の運命なんて、わからない」をしみじみ実感するのです。

曲がりなりにも、俺はこの家の跡取りなんだよ。

第38作『男はつらいよ　知床慕情』から

若旦那のご愛嬌

寅さんは、正真正銘「とらやの若旦那」です。本来なら、お嫁さんを貰《もら》って、おいちゃんを楽隠居させて、店を切り盛りしているはずの跡取りなのです。

第6作『純情篇』の冒頭で、柴又を取材した「ふるさとの川 江戸川」というテレビの紀行番組が出てきますが、「江戸時代から続いて六代目だという車竜造さんは」と、おいちゃん（初代・森川信）を紹介しているので、寅さんは七代目ということになります。それゆえ、おいちゃんたちは、いつか寅さんが所帯を持って、店を継いでくれることを夢見ていたと思います。

第21作『寅次郎わが道をゆく』で寅さんは、壮大なとらや改造計画を茶の間でぶち上げます。店を壊して、近代的なビルディングに建て替えて、団子はオートメーションで製造。全国にチェーン展開、などというビジョンがどんどんエスカレート。おいちゃんたちは呆《あき》れ返ります。

ことほど左様に、寅さんが跡を継ぐということは、家族にとっても、観客にとってもリアリティーのないことです。それが、しばしば笑いとなって来ました。

それでも寅さんは、殊勝《しゅしょう》な顔をして、店を手伝うことがあります。大抵は旅先で、宿代がなくなって、さくらに迷惑をかけて、反省の日々を過ごしているときです。最初は大真面目なのですが、すぐに美しい女性が現れて、改悛《かいしゅん》の情はどこへやら、元の木阿弥《もくあみ》となってしまいます。

第38作『知床慕情』で、おいちゃんが入院。てんてこ舞いのときに、寅さんが帰郷、店の手伝いをすると言い出します。しかしさくらたちは、寅さんに遠慮します。「疲れているのはお互いだろう。どうしてそういう水くさいことを言うんだよ」。これまでのことがあるので、おばちゃんは寅さんを一切信用していないそぶりをするのがおかしいです。

案の定、寅さんは店番をしても、すぐに飽きてしまい、注文の電話が来ても、相手先を聞かずじまい。さくらに叱られて、役に立たないことこの上ないのです。結局、寅さんは店を飛び出して、近所の若旦那衆と、飲みに行ってしまいます。まるで落語に出てくる若旦那です。それがまた寅さんらしいのですが……。

四谷赤坂麴町、
チャラチャラ流れる御茶ノ水、
粋な姐《ねえ》ちゃん立ち小《しょん》便《べん》

『男はつらいよ』シリーズ各作から

啖呵売《たんかばい》の芸と粋

ぼくが子供の頃、第1作『男はつらいよ』を観て、まず真似《まね》をしたのが、主題歌のレコードにも入っている、寅さんの仁義です。「私　生まれも育ちも葛飾柴又です　帝釈天で　産湯《うぶゆ》を使い　姓は車　名は寅次郎人呼んで　フーテンの寅と　発します」

これを言うとき、頭の中には、立て板に水のような、渥美清さんのリズミカルな声がいつも流れていました。

なんといっても、寅さんが商店街や縁日で繰り広げる、啖呵売の数々は、少年時代のぼくを惹きつけました。

「角は一流デパート、赤木屋、黒木屋、白木屋さんで、紅白粉《おしろい》つけたお姐ちゃんから、下さいちょうだいでいただきますと、五百や六百くだらない品物ですが、今日はそれだけ下さいとは言いません」。こんなふうに学校や親戚の前で披露していました。

なぜ赤木屋、黒木屋、白木屋が一流デパートなのか？　母に聞くと「昔、日本橋にあった百貨店」と教えてくれました。地図を調べると、日本橋には赤木屋という証券会社もあり、ならば黒木屋もあるはず、と思ったのですが、いくら調べてもわかりません。そこでようやく、黒木屋が寅さんの洒落《しやれ》だということに気づきました。

テレビ版『男はつらいよ』の打ち合わせで、山田洋次監督が脚本を執筆している赤坂の旅館を、渥美清さんたちが訪ねたときのこと。渥美さんは、少年時代に魅了された、香具師《やし》の口上の数々を、それこそ立て板に水のように、次々と披露したそうです。渥美さんは、勉強そっちのけで、大学ノートに、啖呵売の口上を書いて憶《おぼ》えたそうです。

昭和二十九（一九五四）年、渥美さんは浅草のフランス座に出演中に、結核で長期療養を余儀なくされます。片肺切除の大手術を受け、生命の大切さを実感した渥美さんは、また舞台に立ちたいと、療養中から発声練習をしていたそうです。それが少年時代から憶えてきた啖呵売だったというのです。

寅さんにしてみれば「ここで売らなければ、野宿しなければならない」というギリギリのところで磨かれてきた口上です。それゆえ、気迫や緊張感もあります。その至芸がぼくらを魅了し続けてくれるのです。

俺、大好き、子供の運動会。
旅先なんかでもって、
運動会を見るとな、
仕事ほっぽり出して、
一日中、ずうっと見ているの。

第31作『男はつらいよ　旅と女と寅次郎』から

自分のため、満男のため

寅さんのおい・満男（吉岡秀隆）も小学六年生。小学校最後の運動会には、父・博に見に来てほしいと思っていました。しかし仕事の都合で博は参加することができず、ならばと寅さんが応援に駆けつけると宣言します。

第31作『旅と女と寅次郎』はこの「運動会騒動」で幕を開けます。昼間、博が参加できないことを知った寅さん。柴又運動具店でホイッスルと鉢巻を購入。さらに庭先ではパン食い競走の練習に余念がありません。

おいを思う気持ちも強いのですが、ここで寅さんが無類の運動会好きということが判明します。旅先で運動会があると、一日中ずうっと見ているという寅さん。

「最後のほら父兄のパン食い競走ってのあるだろ、あれなんか我慢しきれなくなって、伯父さん、飛び出して行っちゃうからね」。一生懸命寅さんがシミュレーションをしていた理由がわかります。

寅さんのヒートアップに、明らかに迷惑そうな顔の満男ですが、それでも伯父さんを傷つけまいと、むげにも断れない。おいの心、伯父さん知らずなのです。

このシーンで思い出すのが、岩下俊作の『富島松五郎伝』を原作とした映画『無法松の一生』です。二度目の映画化となる昭和三十三（一九五八）年の三船敏郎さん主演作では、無法松と、吉岡大尉の息子・敏雄との交流が細やかに描かれています。特に引っ込み思案の敏雄少年と一緒に運動会に参加するシーンは、胸が熱くなります。涙もろくて、男気がある。困った人を見ると、とにかく行動を起こしてしまいます。

無法松は「男たるもの、貧しくても、不動とお地蔵さんの心を持っていないといけない」というポリシーの持ち主です。そんな無法松と寅さんには、日本の男として、同じ匂いを感じます。

寅さんは「一番目立つところで、力いっぱい伯父さん応援してやるから。おまえ一等賞取らなきゃ承知しないぞ」とプレッシャーをかけます。結局、たまらなくなった満男の涙で、寅さんの応援団の夢ははかなく消えます。翌朝、雨で運動会は中止、寅さんは旅立ちます。

寅さんも満男も、少しだけ傷ついたかもしれませんが、お互いを思いやっていることだけは、痛いほどわかるのです。

どうしてあんないい先生に、
あんないたずらしちゃったかねぇ。

第12作『男はつらいよ 私の寅さん』から

人の痛みを知る

寅さんは少年時代、相当な悪ガキだったことが垣間見えるシーンが、時々あります。第12作『私の寅さん』で、さくらを不審な男がつけてきます。おばちゃんは「痴漢」と大騒ぎ、寅さんが懲らしめてやろうと息巻いて、男の顔を見ると、なんと小学校の同級生のデベソこと柳文彦でした。

前田武彦さんが演じる文彦は、小学校の頃、寅さんのいたずらに泣かされながらも、仲良しだったことが、二人のおどけぶりからうかがえます。

優等生と劣等生。山田洋次監督作品では『なつかしい風来坊』(一九六六年）の公務員・有島一郎さんと、季節労働者・ハナ肇さんの友情など、重要なモチーフです。山田監督と渥美清さんのコンビもまた、そうかもしれません。

旧友交歓を楽しむ二人。「おばちゃん、俺、こいつん家、ちょっと遊びに行ってくらぁ」。寅さんは、子供に戻ってしまったようです。柴又の名家だった柳病院も今は没落して、文彦の妹で画家のりつ子（岸惠子）が住んでいます。彼女が不在の柳家で、寅さんと文彦が語り合うのは、音楽の先生の想い出。若くて美しい先生に〝キリギリス〟とあだ名をつけた寅さん。童謡の「背くらべ」を「はしらのきずは　キリギリス」と替え歌でからかって、先生は怒ってしまいます。

日暮れまで立たされた寅さん。もう帰ってしまおうかと思ったときに、ピアノを弾きながら、悲しそうな声で先生が唄《うた》ったのは「はしらのきず

は　キリギリス　五月五日の　キリギリス」と、例の替え歌でした。

寅さんは「そしたら俺も悲しくなっちゃってよ」、先生に歌をやめてほしいと言おうと思っても「なんだか声が出なくなっちゃってねぇ」とそのときの気持ちを語ります。文彦は「やっぱりお前惚れていたからだよ」。寅さんは、淡い想いを抱いていた先生に悲しい想いをさせたことへの後悔の念をしみじみ口にします。

知らず知らずのうちに人を傷つけてしまうことは、誰しもあることです。問題は人の痛みがわかるかどうかです。懐かしくも切ない、寅さんの少年時代の想い出です。

あなた、眉と眉の間、すなわちこの印堂に翳《かげ》りがある。

第32作『男はつらいよ　口笛を吹く寅次郎』から

口上はコミュニケーション

寅さんの稼業はテキ屋です。全国各地の神社やお寺の祭礼の縁日で、立て板に水のような口上で、人々を魅了してモノを売るのが商売です。「天に軌道がある如《ごと》く」と人間の運命についてまことしやかに語るのは、易断本の啖呵《たんか》売《ばい》です。

東京の下町で育った渥美清さんは少年時代から、こうしたテキ屋の啖呵売に憧れて、その口上を真似していたそうです。

テレビ版『男はつらいよ』の企画も、渥美さんの「テキ屋を演じたい」の一言からスタートしました。打ち合わせの席で、山田洋次監督は、渥美さんの立て板に水のような口上に惚れ惚れして、これが車寅次郎のイメージの源泉となりました。

さてこのことばは、易断本の啖呵売のシーンではありません。第32作『口笛を吹く寅次郎』で、ひょんなことから、寅さんは備中高梁《たかはし》の蓮台寺の住職代行として、判子《はんこ》屋・大阪屋さんの法事をつとめることになります。

そのときの説法です。「あなた、眉と眉の間、すなわちこの印堂に翳りがある」と、法衣を着た寅さんがまことしやかに言うと、さもありなん、と思ってしまいます。「印堂」とは、眉間を指す人相学の用語で、吉凶や願望を占う部分のこと。寅さんは住職の修行を積んでいるわけではありませんが、日頃の口上がモノを言います。

そういえば、寅さんは易断本を売《バイ》するとき、実に生き生きとした口上で、行き交う人の足を止めます。

大阪屋の奥さんに「ご主人の浮気で泣かされている相であります。ご主人なかなかの二枚目でございますな」といつもの調子で語る寅さん。法事の席がどっと笑いに包まれます。

岡山県出身のベテラン喜劇人・長門勇さん演じる大阪屋さんの行状を、出席者の誰もが知っているのが、またおかしいのです。こうしたコミュニティーも実に魅力的です。

「当たるも八卦《はっけ》、当たらぬも八卦」と言いますが、寅さんのことばには、不思議な説得力があり、その口上を聞いているだけで、幸福な気分に包まれます。

迷惑かけてんじゃない？

第23作『男はつらいよ　翔んでる寅次郎』から

皮肉とユーモアをかたわらに

渥美清さんは天性のコメディアンです。相手の突っ込みに対しても当意即妙、鮮やかな切り返しで、その場の空気を一瞬にして変えて、相手を立てつつ、自分の独壇場にしてしまいます。

初代おいちゃんの森川信さん、初代備後屋の佐山俊二さんといったコメディアンとのコンビも抜群です。

コメディアンということでは、第23作『翔《と》んでる寅次郎』で、北海道は支笏湖の丸駒温泉旅館の若旦那を演じた湯原昌幸さんとのコンビも絶妙でした。

一人旅をしているひとみ（桃井かおり）の車がガス欠でエンコして困

っていると、若旦那は親切に声をかけます。

しかし若旦那の目的は、他にありました。親切ごかしに、ひとみに良からぬことをしようと襲いかかったときに、寅さんが現れます。ひとみの貞操の危機を、さすらいのヒーローよろしく寅さんが助けに来たのです。

これまでのシリーズにはない描写ですが、湯原昌幸さん演じるキャラクターが、明るく、どこか憎めない人物であり、一つ一つの動きが笑いを誘います。

湯原さんは「雨のバラード」のヒットで知られる人気歌手ですが、ぼくたちの世代ではせんだみつおさんとコンビを組んで、テレビのバラエティーで大活躍したコメディアンでもあります。

さて、その晩、偶然にもひとみと寅さんは、若旦那の旅館に泊まることになります。世間にバレたら大変と大慌ての若旦那に「警察どこ？」とひととみ。寅さんは「あんまり予算ないんだけど」と追い打ちをかけます。

翌朝、ひとみは帰京し、一人になった寅さんに「お帰りでございますか？」と声をかける若旦那。しかし寅さんは「ここはとても気分がいいからね。二、三日ゆっくり滞在していこうと思って」と、若旦那を困らせます。

本当は団体客があるから断りたい、でも昨日の噂が広まっては困る。弱り目にたたり目の若旦那を、手玉に取るように、寅さんがからかいます。「迷惑かけてんじゃない？」

ベテラン・コメディアンの渥美さんが、進境著しい若手を相手に、絶妙の呼吸でコントを見せてくれる。本当におかしい名場面です。

その名の通り、
雪のように白い肌の、
そらぁ綺麗な人だった……。

第16作『男はつらいよ　葛飾立志篇』から

心に刻む人の優しさ

旅先の寅さんは、いつも良いことばかりではありません。晴れの日もあれば、雨の日もあります。そんな孤独な旅の空で、自分でもどうしようもないときに、手を差し伸べてくれた人の温かさを、身をもって知っているのも寅さんです。

第16作『葛飾立志篇』で、寅さんを「瞼《まぶた》の父」ではないかと、山形県から訪ねて来た高校生がいます。その最上順子（桜田淳子）の顔を見た寅さん、思わず「お雪さんだ」と声を上げます。お雪とは亡くなった順子の母のことです。

順子の「お父さんなの？」の問いに、おばちゃんたちが驚くのも無理はありませんが、その疑惑はすぐに晴れます。家族はホッとしますが、順子は悲しそうな顔をします。寅さんは、順子に、今自分ができることをとっさに考えて、店屋物をとり、なけなしの財布から小遣いを渡します。

その寅さんの気持ちと、母を亡くして一人で頑張っている順子の気持ちを考えると、胸が熱くなります。

寅さんは欠かさず、お正月になると順子に送金をしていました。寅さんがそこまでお雪と順子の母子を気遣っていたのには、理由があります。「俺が初めてお雪さんと会ったのは、忘れもしねぇ、雪の降っている晩だった」とその夜、寅さんは茶の間で、十七年前の山形・寒河江《さがえ》でのお雪との出会いを語ります。無一文で、お腹《なか》を空《す》かせた寅さんは、駅前の食堂に入って「これで何か食わせてくれ」と腕時計とトランクを差し出しました。

しかし女将《おかみ》は「困っているときはみんなお互いですからね」と、丼飯と湯気の立った豚汁を出してくれたのです。それが順子の母のお雪でした。

寅さんは「あのお雪さんが観音様に見えたよ」としみじみ想い出を語ります。

渥美清さんの見事な話芸で、まだ赤ちゃんの順子をおぶっているお雪の姿が、ぼくたちの目に浮かんで来るのです。

困っている人がいたら、何かしてあげたい。寅さんが相手の幸せを願って行動するのは、こうしたさまざまな人の思いやりがあってのことなのです。

いい女が泣くと、
笛の音《ね》に聞こえるんだなあ。

第28作『男はつらいよ　寅次郎紙風船』から

しみじみさせて笑わせて

寅さんは言い回しの天才です。にぎやかな縁日で、鮮やかな啖呵売で、人々を立ち止まらせてしまう話芸は、映画を観ているわれわれをも魅了してやみません。

若い頃から、テキ屋を生業として、口八丁、手八丁で、人々の財布の紐《ひも》を緩めるテクニックは、お見事の一言に尽きます。寅さんは日常会話でも、茶の間で語る「寅さんのアリア」でも、抜群の言い回しを見せてくれます。

このことばは、第28作『寅次郎紙風船』で、寅さんのテキ屋仲間・カラスの常三郎（小沢昭一）の病床を見舞ったときのことを語る茶の間のアリアから。帰り道、常三郎の若くて美しい妻・光枝（音無美紀子）が「寅さんは、亭主に会いに来てくれた最後の友だちよ」と、涙ぐむ姿を思い出してのことばです。

山本直純さんによる音楽は、フルートを効果的に使って、悲しみにくれる光枝の心情を「光枝のテーマ」に託しています。晩秋の福岡県秋月の美しい風景に流れる哀切のテーマが印象的です。

その後、常三郎の死を知った寅さん。世の無常を感じ、とらやで、この話をします。「寂《さび》しい後ろ姿だったなぁ。そろそろ日も暮れかけて、遠く山寺の鐘がゴーン」と情感タップリです。「ふと俺の耳に聞こえてきた悲しい笛の音……。と思ったのは錯覚で、実はその人の泣き声だったんだよ」としみじみ語ります。そして言ったのが、このことば。

そこまでは良かったのですが、皆が感動しているところで、寅さん、

「おばちゃんが泣くと夜鳴きそばのチャルメラに聞こえるんだな」と、得意の見立てで付け加えます。怒ったおばちゃん、しまいには泣き出してしまいます。

ちょうどそこにラーメン屋台のチャルメラが聞こえてきて、おばちゃんの泣き声と二重奏となります。おばちゃんには申し訳ないですが、絶妙のタイミングで、映画館は大爆笑。悲しい話の後に、明るい笑いを持ってくる、山田洋次監督の演出はお見事です。

渥美清さんの名演、レギュラー陣のアンサンブルの良さで、泣かせて笑わせる。それが『男はつらいよ』の世界でもあるのです。

じゃあ、これで俺一人が入ると、
ちょうど二十四の瞳になるわけだ。

第36作『男はつらいよ　柴又より愛をこめて』から

少年のような寅ちゃん

壺井栄が、昭和二十七（一九五二）年に発表した小説『二十四の瞳』は、「瀬戸内海べりの一寒村」を舞台に、女学校を出たばかりの「おなご先生」と、小学校に入ったばかりの十二人の生徒たちとの、戦前、戦中、戦後の交流を描いています。

余談ですが、壺井栄の故郷である小豆島《しょうど》が舞台となったのは、昭和二十九（一九五四）年に、松竹の木下恵介《けいすけ》監督が映画化したときからです。このことばは、『二十四の瞳』同様、島の分校の生徒たちと、先生の交流を描いた、第36作『柴又より愛をこめて』からです。

タコ社長の娘・あけみ（美保純）が失踪、寅さんが静岡県は下田へと連れ戻しに向かいます。しかし、「寅さんと旅を続けたい」というあけみの気持ちを汲《く》んだ寅さんは、伊豆諸島の式根島行きの船に乗船します。

そこまでは良かったのですが、船で出会った十一人の若者たちが、式根島で美しい「おなご先生」を囲んでの同窓会に出席すると聞いて、あけみどころではなくなります。というのも先生が、美人でまだ独身と聞いたからです。

そこから『二十四の瞳』プラス『男はつらいよ』ともいうべき物語が展開していきます。式根港で同窓生たちを迎えたのは、島崎真知子先生（栗原小巻）です。生徒たちとの楽しい再会。一人一人に声をかける先生。最後に「あなた、誰だったかしら?」。神妙な顔して「はい、寅ちゃんです」。こういう場面の渥美清さん、抜群のおかしさです。

『二十四の瞳』の同窓会では、男子生徒のほとんどが戦死、若くして亡くなった女生徒もいました。第36作の同窓会では、誰一人欠けることなく全員がそろっています。幸福な結婚をしている生徒もいます。そこに平和の尊さを感じとることができます。

式根島から柴又に戻った寅さんは、真知子先生への想いがつのるばかり。それが後半の笑いとなってゆくのですが、山田洋次監督は、仕事一筋で生きてきた「おなご先生」の女性としての苦悩や喜びを、さりげなく女性映画として描いていきます。それが『男はつらいよ』の楽しさであり、限りない魅力でもあるのです。

不器用な野郎だね、あいつは。お前の亭主の博に似てやしねえか？

第5作『男はつらいよ　望郷篇』から

ファンをくすぐる楽屋落ち

遅れて来たファンにとってテレビ版『男はつらいよ』は幻の存在です。渥美清さんの「テキ屋を演じたい」の一言でスタートした「愚兄賢妹《ぐけいけんまい》」の物語は、渥美清さんの寅さん、長山藍子さんのさくら、杉山とく子さんのおばちゃん、森川信さんのおいちゃん、というキャスティングでした。

山田洋次監督が三作ぶりにメガホンをとった第5作『望郷篇』は、監督によれば「これで打ち止めにしよう」と作った幕引きの作品でした。

だからマドンナには、長山藍子さんを迎え、その母に杉山とく子さん、というテレビ版のキャストがそろい、出演者にとってもファンにとっても、テレビ版『男はつらいよ』の世界を彷彿《ほうふつ》させるものとなりました。

浦安の豆腐屋の一人娘・節子（長山藍子）に恋をしてしまった寅さん。よく店に豆腐を買いに来る剛《つよし》（井川比佐志）が国鉄の機関士とわかって「缶焚《かまた》きか」と感心します。このとき、寅さんは「額に汗して、油まみれになって働く」ことを決意して、実践していたので、真面目な剛を尊敬のまなざしで見つめます。

「そうでありましたか」と感動する寅さん。「そうか」でも「そうなんだ」でもなく「そうでありましたか」。この言い回しは、戦前から戦中にかけて、少年時代を過ごした、渥美さんの世代ならではのものです。

このシーンを観るたびに、ぼくには少年時代の渥美さんや寅さんが、「そうでありましたか」といささか緊張の面持ちで感動する姿が浮かびます。

さて、剛を演じた、井川比佐志さんは新劇の俳優さんで、その生真面目さはどこか博さんに通じます。それもそのはず、テレビ版では博士《ひろし》を演じていました。

このことばは、浦安を訪ねたさくらを寅さんが見送る途中、剛とすれ違ったときのものです。「博に似てやしねえか？」と言った寅さん。すかさず「同じ種類だな」。このシーンは、テレビ版からのファンにとっては、なんとも嬉《うれ》しい楽屋落ちだったはずです。これが最後と思っていた山田監督ですが、『望郷篇』は大ヒット。シリーズは継続することとなります。

桜が咲いております。
懐かしい葛飾の桜が
今年も咲いております。

第1作『男はつらいよ』から

「ただいま」そして「お帰りなさい」

昭和四十四（一九六九）年に公開された山田洋次監督の映画『男はつらいよ』第1作は、モノクロ画面いっぱいに広がる、満開の桜から始まります。父親と大げんかをして家出をして以来、二十年。車寅次郎は、柴又に帰ってきます。その心情を語ったのが、映画の冒頭に流れるモノローグです。

「もう一生帰らねえ覚悟でおりましたものの、花の咲く頃になると、きまって思い出すのは故郷のこと」。江戸川の情景や風物をバックに流れる渥美清さんの名調子に引き込まれて、寅さんの少年時代をイメージすることができます。寅さんが懐かしむ「葛飾の桜」は、昭和三十九（一九六四）年の東京オリンピックの頃にはすでになくなっていて、映画では柴又にほど近い水元公園で撮影されました。

おなじみとなる主題歌が流れる中、寅さんは矢切の渡しに乗って、柴又へと戻ってきます。そして宵庚申《よいこうしん》でにぎわう参道の団子屋の中から、若い衆が纏《まとい》を振る姿を見て、スッと出てきて「ここは、柴又題経寺とくらい！」と威勢良く、纏を突き上げます。その鯔背《いなせ》な姿に見惚れた参詣人が「誰だい、あの飛び入りは？」と噂をします。まさに帰ってきた伊達《だて》男です。

やがて寅さんは、帝釈天題経寺で御前様（笠智衆《りゆうちしゆう》）の壮健ぶりに感激し、おばちゃんに「寅ちゃんじゃないかい？」と声をかけられます。こうして寅さんは、懐かしい故郷で家族との再会を果たします。

ぼくたちは、寅さんと家族が過ごしてきた、それぞれの二十年の歳月を思い、懐かしい再会の喜びに共感して、温かい感情に包まれます。「家族を思うこと」の物語でもある『男はつらいよ』の魅力はここにもあります。

このシリーズは、さまざまな「懐かしい」という感覚に溢れています。その夜、寅さんは、放浪時代、おそらくは片時も忘れることがなかった可愛《かわい》い妹・さくらとの念願の再会に涙します。寅さんにとっての「葛飾の桜」は、妹・さくらでもあったのです。ここから寅さんの奮闘努力の物語が始まったのです。

アイ・ラブ・ユー できるか、青年。

第20作『男はつらいよ　寅次郎頑張れ！』から

直球勝負の恋愛指南

寅さんは昭和四十年代から、平成の初めにかけて「日本のお正月の顔」でした。全国の映画館の前には、寅さんの顔をあしらった大きな看板や、出演者の顔の絵がズラリと並び、「今年も正月が来たんだなぁ」という気分を盛り上げてくれました。

若い男女の初デートで、どんなジャンルの映画を観たらいいのか？　第20作『寅次郎頑張れ！』で、とらやに下宿しているワット君こと島田良介（中村雅俊）が、意中の食堂の看板娘・幸子（大竹しのぶ）と苦心の挙げ句、次の日曜の約束を取り付けます。

そこで寅さん、余裕たっぷりに良介に恋愛指南をします。喫茶店でお茶をした後は、「映画を観るんだよ。ただし洋画はダメだぞ」ときっぱり言います。その理由は、カッコイイ男が出てくるから。

日本映画でも、やくざものやギャングものは、観た後に気分が寒々として「恋だの愛だのという雰囲気にならないんだよ」。

あれもダメ、これもダメ。良介はいささか憮然《ぶぜん》として「じゃ、何観りゃいいんですか」。そこで寅さん、「決まってるじゃないか。おかしい映画」と満面の笑みで答えます。ここで映画館はどっと笑いに包まれます。昭和五十三（一九七八）年のお正月、全国各地の映画館には、その「おかしい映画」を観るために、たくさんの観客が集まっていました。良介と幸子のようなアベックもいたはずです。

次のステップはレストランでの食事。「ケチケチしないでデザートでもとってやれよ」と、さすが寅さんは女の子をわかっています。

いよいよ告白タイム。公園で見つめ合い「お前が好きなんだよという思いを込めて娘の眼《め》を見る。そこでお前の気持ちは通じるんだ」。恋する青年がそこで言うべき最後の一言がこのことばです。

眼は口ほどにモノを言う、は寅さんの恋愛セオリーです。第1作で、さくらに恋をした博にも、「アイ・ラブ・ユー」と、眼だけで言うんだと、大真面目に指南したことがあります。

それを寅さんが実践したこともあるのですが、冬子（光本幸子）には、「眼にゴミでも入ったの？」と気持ちは全然通じませんでした。恋愛青年はかくあれ！　という理想なのです。

思ってるだけで、
何もしないんじゃな、
愛してないのと同《おんな》じなんだよ。

第45作『男はつらいよ　寅次郎の青春』から

愛は行動

「今やろうと思ったのに」。子供の頃、母親からせっつかれて、こう言い訳をすることがしばしばありました。

四十年前ですが、西田敏行さんが洗剤のCMで、奥さんから風呂掃除を催促されて、このフレーズを言って、それが流行語になったこともあります。

「わかっちゃいるけど、やめられない」は、植木等さんの「スーダラ節」のフレーズです。青島幸男さんの詞を、植木さんのお父さんで僧籍にあった植木徹誠《てつじょう》さんは「親鸞の教えに通じる」と激賞したそうです。

しかし寅さんは、こと恋に関しては、そうではないと言っています。

おいの満男（吉岡秀隆）と及川泉（後藤久美子）の恋は、第42作『ぼくの伯父さん』から、一進一退を繰り返しながら、第45作『寅次郎の青春』で四年目を迎えました。

なかなか進展しない満男の恋の行方に、恋愛至上主義者の寅さんは、いら立って聞きます。「どうなってんだ、泉ちゃんとお前は。もう、婚約したのか？」。まだと答える満男に、寅さんは矢継ぎ早に質問します。「約束はしてんだろ」「接吻《せっぷん》はしたのか」「暗闇で手を握る程度か」

何もそこまで、とも思いますが、可愛いおいのことが心配なのです。そう言う寅さんは、美しい花をそっと愛《め》でるタイプなので、そんなことはできないのですが、自分のことを棚に上げて「何だよ、それじゃお前泉ちゃんのこと愛してないのか」と畳み掛けます。

そのとき満男は「今のぼくの気持ちを、愛してるなんてそんな簡単なことばで言えるもんか」と憮然とします。しかし、寅さんは「ダメだ。それじゃ愛してないのと同じだよ」ときっぱり言い放ちます。

その後に言ったのがこのことば。思っているだけでは、相手に自分の気持ちは伝わらない。愛しているなら、行動を起こさないといけない。寅さんには、そういうパッションこそ、恋する若者の特権なのだという確信があるのです。これぞ、寅さんのエールです。「今やろうと思ったのに」は、恋愛では通用しない。「態度で示せ」なのです。寅さんの青春への期待、素晴らしいです。

ああ、とうとう今日も来なかったか。

第9作『男はつらいよ　柴又慕情』から

寅さんの乙女心

寅さんの恋は何とも切ないです。特にシリーズ初期から中期にかけては、美しいマドンナと出会った瞬間に、無条件降伏をして、その人のことばかりを想い、ため息の日々が続きます。

第16作『葛飾立志篇』での「そのうちこう、なんか気分が柔らかぁくなってさ、ああもうこの人を幸せにしたいなあと思う」という恋の名言は寅さんの真理です。

第9作『柴又慕情』では、吉永小百合さんが満を持して、マドンナの歌子を演じました。このとき、日活青春映画で一世を風靡《ふうび》した吉永さんが出演するということで、世のサユリストたちは、色めき立ちました。

寅さんが寝ても覚めても「歌子ちゃん！」となってしまうおかしさ。山田洋次監督は、寅さんのストレートな恋心を、あの手この手で描いています。

歌子が初めてとらやを訪ねてきたとき、店には誰もいませんでした。そこへ寅さんが帰ってくるのですが、「想い人」の突然の来訪にドギマギして、ろくろく会話にもなりません。まるで小学生が好きな女の子を前に、耳まで真っ赤にして、何も言えない、そんな感じです。

悩みを抱えている歌子にしてみれば、心落ち着く場所がとらやの茶の間だったのです。帰り際、柴又駅のホームで、歌子は寅さんに「本当に来て良かったわ」と告げます。その夜、歌子からの電話を受けた寅さん、「また、来るって」と家族に嬉しそうに伝え、歌子の来訪を、一日千秋の想いで、待ちわびることになります。

夕方になるとため息をつきながら「ああ、今日も来なかったか」と歌子のことばかり想っている寅さんに、おいちゃんもおばちゃんも呆れ顔。ある日の夕方、その話を家族がしていると、寅さんが二階から下りてきて、暮れ六つの鐘とともにため息交じりに言うのがこのことばです。

ギョッとする博たち。そこへ、タコ社長がやってきて「今日も彼女は来なかったか……」と不用意な発言をするので、寅さんの怒りの導火線に火がついてしまいます。

喜劇としてのおかしさと、恋する寅さんの切なさが、凝縮された名場面なのです。

やっぱり二枚目はいいなあ、
ちょっぴり妬けるぜ。

第30作『男はつらいよ　花も嵐も寅次郎』から

三枚目のカッコよさとは

「寅さん、男は顔ですか？」と言ったのは、第30作『花も嵐も寅次郎』で、寅さんが大分県の湯平温泉で出会った三郎青年でした。演ずるは沢田研二さんです。

天下の二枚目、ジュリーが、寅さんに「顔」のことで詰め寄るのです。三郎青年は、大分で知り合った、螢子（田中裕子）に一目惚れして、別れ際に「ぼくと付き合うてくれませんか？」と、空気も読まずに告白します。

そのフォローをすべく寅さんが螢子の気持ちを聞くのですが、断られてしまいます。その理由は「あんまり二枚目だもん」。

寅さんは、三枚目だと自認していますし、リアルタイムでシリーズを観ていた頃は、誰もがそう思っていました。まさかマドンナが、二枚目という理由で断ってくるとは、意外や意外です。

ここで三枚目の寅さんが、クローズアップされる、という展開は、落語好きの山田洋次監督ならではの、逆転の笑いです。

とらやで、螢子からの返事を心待ちにしている三郎青年は、寅さんから「諦めなよ」とキッパリ言われます。その理由を聞いた三郎が真顔で「男は顔ですか?」と詰め寄るシーンで、劇場は大爆笑に包まれました。

寅さんも螢子に想いを抱いているので、ここからチャンスなのですが、その気持ちを隠して、三郎青年のため、恋のキューピッドを全うすべく奮闘努力します。

まるで、フランスのエドモン・ロスタン作の戯曲で、何度も映画化されている『シラノ・ド・ベルジュラック』のようです。長鼻のシラノが、愛しの女性・ロクサーヌへの想いを秘めて、美男だけれども愛のことばを持ち合わせていないクリスチャンのため、自分が書いた恋文を渡します。そのシラノと寅さんの「無私の行為」が重なります。

結局、三郎と螢子は結ばれ、寅さんはまた旅に出ます。去り際に、とらやの店先で寅さんが、さくらに言うのがこのことばです。

寅さんの螢子への恋情がここまで深いものだったことを、さくらも、ぼくたちもそこで気づきます。この切なさ。面白うて、やがて悲しき『男はつらいよ』なのです。

あぁ、俺にふんだんに
銭があったらなぁ。

第15作『男はつらいよ　寅次郎相合い傘』から

リリーの夢を想う

日本を代表する映画女優・浅丘ルリ子さんが演じた、放浪の歌姫・リリー松岡は、寅さんにとっても『男はつらいよ』シリーズのファンにとっても特別な存在です。第11作『寅次郎忘れな草』で北海道の網走で出会い、柴又で楽しい日々を過ごしたリリーは、ラストで寿司職人の良吉(毒蝮三太夫)と所帯を持ちます。

それから二年、第15作『寅次郎相合い傘』では、夫と別れ再び旅回りの歌手となったリリーが柴又を訪ねますが、寅さんは不在。去り際に「そのうちまた来るわね」と言うリリーに、さくらは「お兄ちゃんと一緒にね」と言います。冗談めかしているのですが、これがさくらの本音であり、ぼくたちの想いでもあります。

中盤、寅さんがリリーをキャバレーに送って、とらやに戻って来たときに、しみじみ言うのが、このことばです。「お金があったらどうするの？」とさくら。寅さんは「リリーの夢を叶えてやるのよ」と答えます。

場末のキャバレーで酔客相手に聞いてもらえない歌を唄うリリーが可哀想で、自分にお金があったら、歌舞伎座や国際劇場のような大きな劇場を借り切って「リリー松岡ショウ」を開いてやりたいと語ります。「寅さんのアリア」と呼ばれる一人語りで、夢の大舞台へ想いを馳《は》せる寅さん。「皆さま、大変長らく、お待たせをばいたしました」と司会者の口調でリリーを紹介します。この「アリア」の「リリーの夢」は「寅さんの夢」でもあるのです。

郵便はがき

料金受取人払郵便

代々木局承認

6948

差出有効期間
2020年11月9日
まで

1518790

203

東京都渋谷区千駄ヶ谷4-9-7

（株）幻冬舎

書籍編集部宛

1518790203

ご住所　〒
都・道
府・県

フリガナ
お名前

メール

インターネットでも回答を受け付けております
http://www.gentosha.co.jp/e/

裏面のご感想を広告等、書籍のPRに使わせていただく場合がございます。

幻冬舎より、著者に関する新しいお知らせ・小社および関連会社、広告主からのご案内を送付することがあります。不要の場合は右の欄にレ印をご記入ください。　不要 □

本書をお買い上げいただき、誠にありがとうございました。
質問にお答えいただけたら幸いです。

◎ご購入いただいた本のタイトルをご記入ください。

『　　　　　　　　　　　　　　　　　　　　　　　』

★著者へのメッセージ、または本書のご感想をお書きください。

●本書をお求めになった動機は？

①著者が好きだから　②タイトルにひかれて　③テーマにひかれて
④カバーにひかれて　⑤帯のコピーにひかれて　⑥新聞で見て
⑦インターネットで知って　⑧売れてるから／話題だから
⑨役に立ちそうだから

生年月日	西暦　　年　　月　　日（　　歳）男・女			
ご職業	①学生	②教員・研究職	③公務員	④農林漁業
	⑤専門・技術職	⑥自由業	⑦自営業	⑧会社役員
	⑨会社員	⑩専業主夫・主婦	⑪パート・アルバイト	
	⑫無職	⑬その他（　　　　）		

このハガキは差出有効期間を過ぎても料金受取人払でお送りいただけます。

ご記入いただきました個人情報については、許可なく他の目的で使用することはありません。ご協力ありがとうございました。

浅丘ルリ子さんが、この場面が大好きだと話してくれたことがあります。その理由は「寅さんのリリーへの愛が溢れているから」。

この後、雨の柴又駅まで、番傘を持った寅さんが、リリーを迎えに行く場面があります。寅さんは「散歩だよ」とうそぶきますが、リリーは寅さんの優しさに感激します。「寅さんが風邪引いて寝込んだら、私つまんないもん」

寅さんはリリーを想い、リリーは寅さんを愛しているのに、この二人はなかなかうまくいきません。でも、人が人を想うことの素晴らしさがこの作品には溢れているのです。

つまりさ、
こっちがいいなぁ、と思っても、
向こうが、良くないなぁって
こともあるしさ。

第25作『男はつらいよ　寅次郎ハイビスカスの花』から

踏み出せなかった恋の数々

シリーズのベスト作品として、誰もが挙げるのは、やはり浅丘ルリ子さん演じる、リリーがマドンナの回です。第11作『寅次郎忘れな草』で北海道で出会い、第15作『寅次郎相合い傘』で、お互いを想いながらも二人は別れます。

真夏の沖縄を舞台にした第25作『寅次郎ハイビスカスの花』では、仮住まいとはいえ、一緒に暮らし、男と女としてことばを交わすのです。ある晩、リリーがふとこんなことを尋ねます。「あんた、今までに誰かと所帯を持ったことある？」

寅さんはこういう直球の問いには弱く「そういう過去は触れない方が

いいんじゃないの」と、はぐらかそうとします。リリーが第11作のラストで、寿司職人の良吉（毒蝮三太夫）と結婚するも、寿司屋の女将が長くつとまらなかったことは、寅さんも知っています。それでもリリーは「私はあるよ、所帯持ったこと」と、寅さんに返答を迫ります。

追いつめられた寅さん。これまでのことを振り返って「要するに、いつもふられっ放しっていうことだよ」と開き直ります。

確かに寅さんは、作品の数だけ恋をして、数多くの失恋をしてきました。そのことを、本人が客観的に語ったのがこのことばです。お互いに気心は知れているし、好意を寄せ合っているけれども、肝心の一言が寅さんから出てこない。

リリーは寅さんの本心を、ことばにしてもらいたいからこそ「誰かと所帯を持ったことある？」と聞いたのだと思います。この問いには、寅さんに「俺と所帯持つか？」と言ってほしい気持ちが込められているような気がします。にもかかわらず、ここぞというときに、寅さんははぐらかしてしまいます。このシーンを観て「寅さん、しっかり！」といつも思います。

この後も、けんかをしたり、仲直りしたりと、いろいろある二人ですが、その恋の行方もシリーズで描かれています。最終作となった第48作『寅次郎紅の花』で、奄美群島の加計呂麻島《かけろまじま》で二人が仲良く暮らしている姿に、胸を熱くしたファンも多いと思います。

お前は、あの男が好きだし、
あいつはお前に惚れてるよ。
俺から見りゃよくわかるんだ。

第37作『男はつらいよ　幸福の青い鳥』から

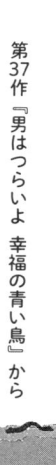

好きな人の幸せが幸せ

人の幸せを願うことと、人が幸せになること。それが一致したなら、こんなに良いことはありません。寅さんの恋も成就するはずです。『男はつらいよ』シリーズも初期は、寅さんが美しいマドンナに岡惚れをして、主題歌の歌詞ではありませんが「今日も涙の日が落ちる」と、残念な結果になることも、ままありました。

しかし回を重ね、時を経るにしたがって、寅さんは、こと若者の恋に関しては、かなりのオーソリティーとなって行きます。

第37作『幸福《しあわせ》の青い鳥』のマドンナは、昔なじみの旅役者の娘・大空小百合こと島崎美保（志穂美悦子）。大空小百合は、第8作『寅次郎恋歌』から岡本茉利さんが演じた、ファンにはおなじみのキャラクターです。

さて、父親である座長が亡くなり、役者を辞めた美保は、寅さんを訪ねて上京、とらやに下宿しながら、柴又駅前の上海軒で働きます。

幼い頃から苦労してきた美保のために、何をしてあげられるか？　寅さんもさくらも、とらやの人々も、懸命に考えて行動します。

美保が柴又で働くことになり、上機嫌の寅さんは、後はお婿さん、と例によって茶の間で、美保の夫はどんな男がいいかと、想像の翼を広げます。

しかし美保は、上京時に知り合った鹿児島出身の画家の卵の青年・健吾（長渕剛）と付き合っていて、感情の行き違いからけんか別れをしたまま、となっています。

ある日、とらやに健吾が現れて「たった一言、ごめん、って謝りたいだけなんだけど、なんかこのまんまだと、一生悔いが残りそうで」。素直な気持ちを、二人の事情を知らない寅さんに話してしまいます。

寅さんには、不器用な健吾の気持ちが痛いほどわかります。そこに美保が帰ってきて、二人の別れが決定的となります。しかし寅さんは、美保に「お前は、あの男が好きだし、あいつはお前に惚れてるよ」と優しく言います。

寅さんにとっては、やっぱりつらい展開となるのですが、人の幸せを願うこと、それが寅さんの幸せだとするなら、これもまた幸福な結末なのです。

奥さん、俺は汚《きつた》ねえ男です。

第34作『男はつらいよ 寅次郎真実一路』から

葛藤の美しさ

寅さんが「花にたとえりゃ、薄紫のコスモスよ」と、その美しさをたとえたのが、第34作『寅次郎真実一路』のマドンナ・富永ふじ子（大原麗子）です。

ふじ子の夫・健吉（米倉斉加年）はエリート証券マン。寅さんと意気投合、家に連れてゆきます。健吉は息子のために、茨城県は牛久沼にマイホームを購入。早朝から深夜まで働き通しで、疲弊した健吉は自分を見失い、やがて失踪してしまいます。

失意のふじ子に、自分は何ができるか？　寅さんは考え、彼女と一緒に、健吉の故郷、鹿児島県へと捜索の旅に出ます。

以前にも書きましたが、寅さんを見ていると、岩下俊作の『富島松五郎伝』とその映画化作品『無法松の一生』の主人公・無法松を思い出します。結ばれるはずのない吉岡大尉夫人への献身愛と、寅さんのふじ子への想いが重なります。

無法松は、夫が戦死した吉岡夫人と、その息子・敏雄のために、奮闘努力を重ねます。無法松は、無心のようでいて、実は吉岡夫人への思慕を抱いていて、ある日、その想いを夫人に打ち明け「わしの心は汚い」と告白して去ってゆきます。

寅さんも、健吉が失踪して、悲しみにくれているふじ子を励まし、慰め、懸命に捜し続けます。しかし、心の中では、ふじ子への想いがつのる一方なのです。

鹿児島県指宿《いぶすき》の鰻温泉の旅館で、寅さんは同宿せずにタクシーの運転手さん（桜井センリ）の家に泊めてもらうと、宿を出て行こうとします。ふじ子は「もう一つ部屋を取ればいいじゃないの」。大原麗子さんの憂いを帯びた声で、寅さんならずともドキドキします。そこで寅さんが言うのが、このことばです。「奥さん、俺は汚ねえ男です」

この寅さんの心理を、後で博は「恋するあまり、蒸発しているご主人が帰ってこなければいい、そんなことを、心のどこかで願っている自分に気づいて」ぞっとしたのではないかと、さくらに話します。

マドンナへの思慕を抱きながら、そっと身を引いていく寅さんの心はいかばかりか。それを垣間見るエピソードです。

たとえ、地球の裏と表に、
身体は離ればなれに
なっていたとしても、
気持ちというのは
通じるもんですよ。

第24作『男はつらいよ　寅次郎春の夢』から

心を通わせるということ

このせりふの後に「お互い愛し合っていれば」と続きます。第24作『寅次郎春の夢』での寅さんの恋愛論です。

この作品では、アリゾナ州からビタミン剤のセールスにやってきたアメリカ人・マイケルがとらやに逗留《とうりゅう》します。マイケルを演じたのは、ハリウッド映画やブロードウェーの舞台で活躍していた、ハーブ・エデルマンという達者なコメディー俳優です。

アメリカ嫌いの寅さんは、最初は何かにつけてマイケルと対立しますが、そこは渡世人同士、次第に心を通わせていきます。

マイケルが恋をしてしまうのが、美しく、心優しいさくらです。一方、寅さんは、柴又に住む、アメリカ帰りの未亡人・高井圭子（香川京子）に一目惚れ。

この作品では、日本人とアメリカ人の恋愛観について、寅さんや圭子たちが、茶の間で会話をする場面があります。欧米では自分の感情をはっきりと表現するけれども「人を愛する気持ちって簡単にことばに表せるようなもんじゃないでしょう」という圭子の問いに対する、寅さんの答えがこのことばです。

夜中に妙な胸騒ぎでふと目を覚ます。「もしや、あの人の身の上に何か？　慌てて駆けつける駅、夜汽車……」。相手は病に臥《ふ》せっていて「寅ちゃんきっと来てくれると思ったわ」と想い人と心を通わせることができた話をして「こういう気持ち、ね、これはことばでは言えない」としみじみ語ります。

もちろん、これは寅さんの経験ではなくたとえ話なのですが、さくらは「それがお兄ちゃんの愛情ね」と優しく言います。ことばにしなくても、愛する想いは通じ合うという寅さんの恋愛観は、平安時代から、文学などで描かれてきた日本人の美徳でもあります。

もしも相手の気持ちを受け入れられなければ、アメリカでは「インポッシブル」と断ると聞いた寅さん。日本では何も言わずに眼で「愛しているよ」と言い、相手も眼で「私あんたのこと嫌い」と答えたら、「背中を向けて黙って去るなぁ。それが日本の男のやり方よ」。それが寅さんのポリシーなのです。

女にふられたときは、じっと耐えて、一言も口をきかず、黙って背中を見せて去って行くのが、男というものじゃないか。

第21作『男はつらいよ　寅次郎わが道をゆく』から

男の理想も味わい深く

第21作『寅次郎わが道をゆく』で熊本県の田《た》の原《はる》温泉に、寅さんが長逗留したときのことです。暇に任せて散歩に出た寅さん。千年杉と呼ばれる阿弥陀《あみだ》杉の陰で、地元の若者・留吉（武田鉄矢）と春子（岡本茉利）が、ひそひそ話をしているのを目撃します。

留吉がモーションをかけているものの、春子は気乗りがしない様子。「なんでも話してんや、相談乗っちゃるけん俺が」と留吉。春子は「ウチね、木村さんを好きになったと」と別れを告げます。

留吉は「あげな男のどこがよかかお前、男は面《つら》か？」と食い下がります。この「男は面か」は、第30作『花も嵐も寅次郎』で、三郎（沢田研二）が「寅さん、男は顔ですか？」と言うシーンでリフレインされますが、いつも恋する青年の悩みはそこにあります。

『幸福《しあわせ》の黄色いハンカチ』で、山田洋次監督の演出によるユーモラスな演技で、数々の助演男優賞に輝いた武田鉄矢さんのダメな青年ぶりが、笑いを誘います。

結局、留吉は失恋、と相成るのですが、その一部始終を黙って見ていた寅さん。悔し涙を流す留吉に、「青年！」と声をかけます。女にふられたときには「黙って背中を見せて去って行くのが、男というものじゃないか」と寅さんはカッコイイです。

第1作以来、寅さんは数々の恋をしてきました。そのほとんどで、相手の幸せを願って立ち去って来たので、失恋とはいえないケースも多々あります。しかし今回のことばは、寅さんといえば「失恋」という観客のイメージを裏切らない、男はかくあるべき、という寅さんの理想論です。

留吉に「あの、どちらさんでしょうか?」と尋ねられ、「東京は葛飾柴又の車寅次郎、人呼んでフーテンの寅。ゆえあってこの宿に滞在していいます」と名乗り「夜分でも話しにいらっしゃい」と、余裕たっぷりです。

人生の何たるかを悟ったような顔をしている寅さんを、留吉は「車先生」と慕います。二人の抜群のコンビネーションが楽しいです。

そこまでは良かったのですが、宿代を持ち合わせていなかった寅さん、結局、さくらに助けを求めることになります。

じゃ、俺なんか総合的に見たら、真面目じゃないってわけか?

第43作『男はつらいよ　寅次郎の休日』から

恋多きは罪？

恋多き男の寅さんは、シリーズ後半になると、おいの満男の恋のコーチとして、守護天使のような存在となります。マドンナに一目惚れして、奮闘努力の甲斐《かい》もなく、といったケースは少なくなりました。

しかし第42作『ぼくの伯父さん』からの「満男シリーズ」では、数多くの「恋にまつわる名言」を残してくれています。

第43作『寅次郎の休日』では、満男のガールフレンドの及川泉（後藤久美子）が、母・礼子（夏木マリ）と別れた父・一男（寺尾聰）に、復縁を頼みに、名古屋から上京。一男には恋人がいて、その彼女の郷里である大分県日田市に引っ越したことがわかります。

モラリストのおばちゃんは「女房子供をほったらかして、九州に女と駆け落ちしたりして」と憤慨。タコ社長は「女ったらしなんじゃないか?」と散々です。高校のPTAで一男と面識のあるさくらは「おとなしくて真面目そうな人だったわよ」とその印象を話します。

それを聞いていた寅さん、すっくと起き上がり「それじゃ、何か、真面目な男っていうのは女に惚れないのか?」と憮然とします。そしてこのことばです。

そこで博が「兄さんの場合は独身ですから、どこの女性と、どんな恋をしようと問題ないんじゃないですか」と助け舟を出します。

茶の間の会話に「不倫とモラル」という現代的なテーマが入ってきたのも、この映画が作られた平成二(一九九〇)年を感じさせてくれます。

そこで寅さんが言うことばが、車寅次郎という人の何にも縛られない自由さを象徴しています。「ほれ見ろ、俺は他人になんか一つも迷惑をかけていないもんな、俺は独り身だから、独身だから」と胸を張ります。

こういうときの寅さんは、実にいいです。観客であるぼくたちは、かくありたいと共感するのですが、横で聞いていたタコ社長。「女房と別れて一人、なんてのはまだいいけど、寅さんの場合は、ずうっときれいに独身なんだからねぇ」と余計な一言で、例によって騒動となります。

こうした変わらない寅さんを見ると、ぼくたちは不思議と元気が湧いて来るのです。

俺とこの女は生まれる前から、
運命の不思議な赤い糸に
結ばれているんだよ。

第48作『男はつらいよ　寅次郎紅の花』から

縁という素晴らしきもの

『男はつらいよ』シリーズ全48作を通して、寅さんは四十三人の女性と出会い、恋をして、時には心を通わせることもありました。最高のマドンナは誰か？

果たして、当の寅さんはどう思っているのでしょうか？

第48作『寅次郎紅の花』で、寅さんはリリー（浅丘ルリ子）と、奄美群島は加計呂麻島で暮らしています。寅さんとリリーに結ばれてほしい。このシリーズのファンなら、きっと誰もが思っていたことです。

満男が、泉（後藤久美子）の婚礼をぶち壊して、失意の旅の果てに、加計呂麻島にたどり着きます。まさかそこで、声をかけてきた親切な女性がリリーで、行方知れずの寅さんと、もう三カ月も暮らしているとは、思いもよりません。その夜の会話です。

飲むほどに、酔うほどに、寅さんとリリーは、二人のなれそめ、これまでの日々を、満男に語るかたちで、確かめ合います。

第11作『寅次郎忘れな草』で、北海道は網走で出会い、ほんの短い会話をしただけで、お互いを理解し合った二人。第15作『寅次郎相合い傘』で、雨の帝釈天参道で傘を差して歩いたことや、一度はリリーが寅さんと結婚してもいいと思ったこと。第25作『寅次郎ハイビスカスの花』で、リリーが入院している沖縄の病院に駆けつけた寅さんの気持ちと、リリーの寅さんへの想い……。

「生まれる前から、運命の不思議な赤い糸に結ばれているんだよ」と、二人の縁について語る寅さんは、想い出の中だけに生きているのではなく、リリーと暮らす現在があるのです。

結ばれる運命にある男女は、足首を見えない赤い糸で結ばれている、というのは中国の北宋時代『大平広記』の逸話「定婚店《じょうこんてん》」に出てくる「赤縄《せきじょう》の縁《えん》」の伝説です。それが日本に伝わって、手の小指をつなぐ見えない赤い糸となりました。

寅さんとリリーの「運命の赤い糸」は、二人のこれまでを知るぼくたちには、はっきりと見ることができるのです。二人の間に流れてきた歳月は、観客にとっても掛け替えのない時間です。「寅さん、リリーと逢えて良かったね」。ぼくたちはしみじみ、こう思うのです。

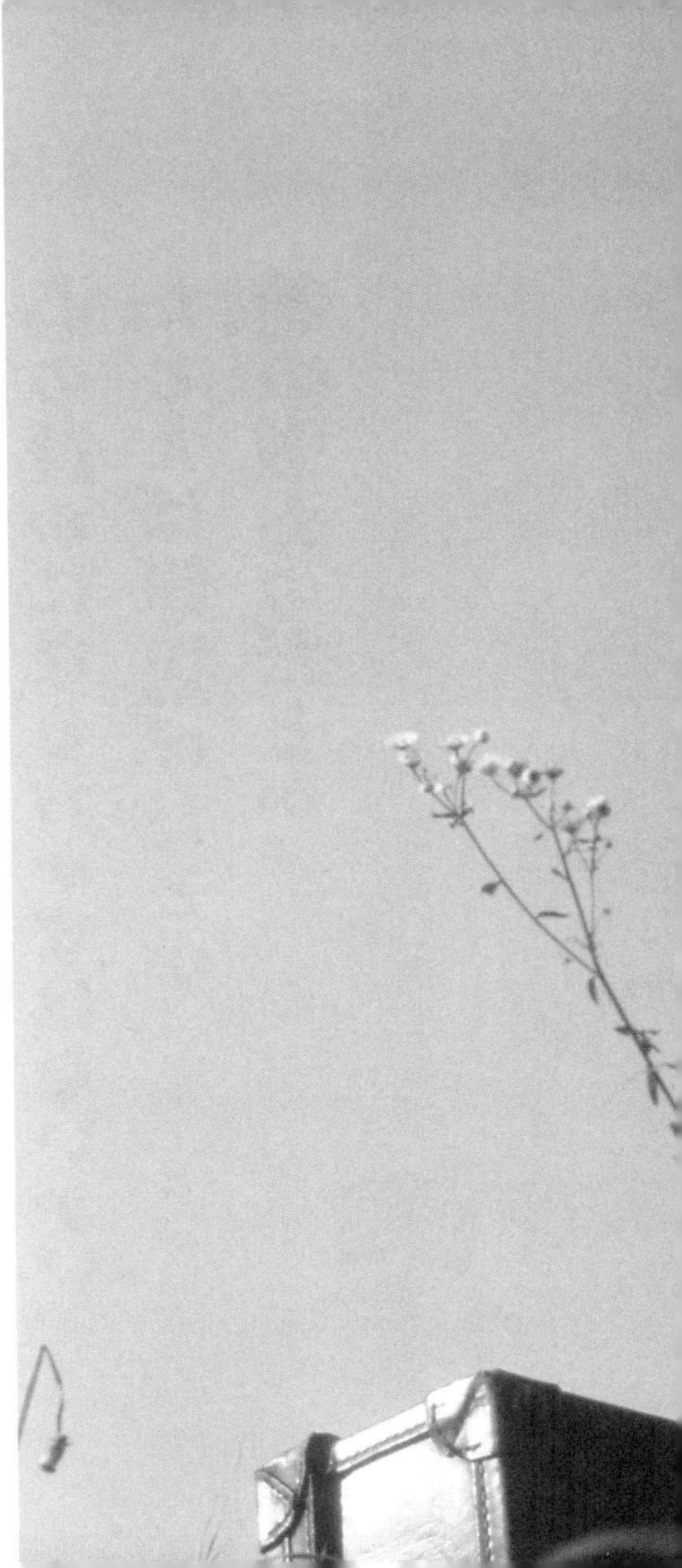

貧しいなぁ、うちのメニューは。
もうちょっと何かこう
心の豊かになるおかずはないかい、
たとえば厚揚げだとか
筍《たけのこ》の煮たのだとか。

第10作『男はつらいよ　寅次郎夢枕』から

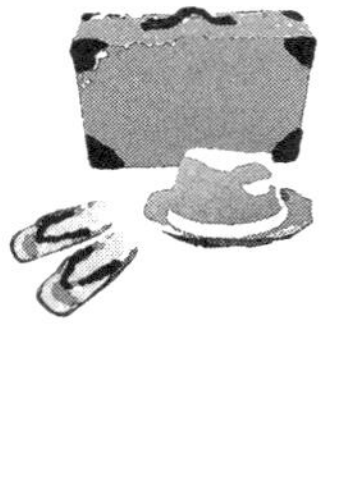

傷ついた幼なじみをもてなす食卓

寅さんの口癖の一つに「貧しいねぇ」があります。寅さんは、人間には立場の違いはあれども「職業に貴賤《きせん》なし」という感覚で行動しています。ですから、人間国宝だろうと、殿様の末裔だろうと、日本画壇を代表する画家だろうと「おじさん」と気軽に声をかけて、仲良くなってしまいます。

ところが家族に対しては、なかなか手厳しいことを言うこともあります。第43作『寅次郎の休日』でおいの満男と泉が、すわ九州に駆け落ちか？　というときに、所持金を心配する博とさくらに「貧しいねぇ、君たちは。二言目には金だ」と言い放ちます。「美しい愛さえあれば」お金なんかなくてもいいと情熱的です。

寅さんの「貧しいねぇ」は、決して貧富の差のことではなく、心の豊かさ、気持ちのあり方についてのことばなのです。

第10作『寅次郎夢枕』で、寅さんの幼なじみで想い人の千代（八千草薫）が、離婚した夫と暮らしている息子と再会。切ない想いをしていることを知った寅さん。

千代を慰めようと、さくらの提案で夕食に招待することにします。「今夜のうちのおかず何だ？」と尋ねると「お前の好きなお芋の煮っ転がし」とおばちゃん。そこで寅さんは「貧しいなぁ、うちのメニューは」と嘆きます。寅さんにすれば、傷ついた千代の心を慰めるためには、いつもの「お芋」ではダメなのです。

悲しいことを忘れて、楽しい夕餉《ゆうげ》のひとときを過ごしてもらうには

「心の豊かになるおかず」が大事。ワンランク上を求め、がんもどきではなく「厚揚げ」であり、お芋ではなく「筍」というのが、寅さんの考える「心の豊かになるおかず」なのです。結局、おばちゃんは旬の栗ごはんを炊き、にぎやかで楽しい時間となります。

ところが、千代を傷つけまいと「坊やだとか、倅《せがれ》だとか、息子、そういったようなことは一切口にするなよ」と、例によって厳命したために事態はあらぬ方向に。

それでも千代は「寅ちゃんたちの優しい気持ちよくわかるのよ」と涙ぐみながら感謝します。何よりも寅さんの気遣いが、千代とぼくたちの心を豊かにしてくれるのです。

ただいま。おかえりなさい。
お腹空いたのか？
こういう幸せな連中には、
あの不幸せな娘の気持ちは
わからないなぁ。

第26作『男はつらいよ　寅次郎かもめ歌』から

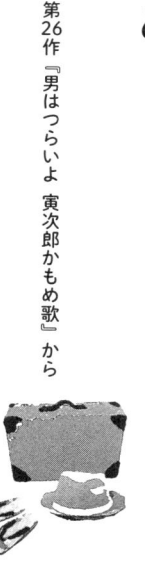

運命は自ら切り開くもの、だが

「天に軌道がある如く、人それぞれ生まれ持ったる運命があります」とは、易断本を売《バイ》するときの寅さんの口上です。人生には、悲しいことやつらいこと、抗うことができないこともあります。

しかし幸せは自分の手でつかむもの、運命は切り開いてゆくもの、ということを、ぼくは山田洋次監督の作品を観るたびに思います。

第26作『寅次郎かもめ歌』は、キャンディーズ解散後、伊藤蘭さんが二年ぶりに女優としてスクリーンに復帰した作品です。

同時上映の『土佐の一本釣り』（前田陽一監督）では、やはりキャンディーズの田中好子さんがヒロインだったので、初日の劇場にはぼくと同世代の高校生が駆けつけていました。

伊藤蘭さん演じるマドンナ・水島すみれは、寅さんのテキ屋仲間のシッピンの常の遺児で、北海道の奥尻島の水産加工場に勤めていました。常に線香を上げに来た寅さんは、すみれから「働きながら学校に行きたいの」と聞き、すみれを連れて柴又へと帰ります。

荒れた暮らしをしていた常の家庭は、寅さんによれば修羅場でした。高校を中退して職を転々としていたすみれは、このままではいけないと定時制高校に入ろうと決意をしたのです。

すみれは自分の置かれた状況に甘んじることなく、自分で運命を切り開こうとしています。それを知った寅さんは、さくらや博に相談して、すみれのために奮闘努力をします。

今回のことばは、英語塾から帰ってきた満男を見た寅さんが、すみれのことを想い、思わず口にしたものです。このことばや同世代の若者が定時制高校に通う姿は、アイドル映画を観る気分で映画館に来たぼくたち高校生には、良い意味でショックでした。山田監督はこの頃から、夜間中学を題材にした映画『学校』を企画していました。

それがなかなか実現に至らず、寅さんがもしも定時制に行ったら、という発想で作られたのがこの第26作『寅次郎かもめ歌』です。寅さんはすみれの送迎のため、定時制に毎晩通い、そこで先生や生徒たちと、触れ合うことになります。

明日《あした》からな、
家中そろって面白楽しく、
ホカホカホカホカ暮らすんだよ。

第17作『男はつらいよ　寅次郎夕焼け小焼け』から

お金の苦労がわかるからこそ

寅さんは奮闘努力の人、でありますが、苦労とは無縁、というイメージがあります。もちろん、長い旅の人生で、人には言えないつらいことや、大変な苦労を背負い込むこともあるでしょう。でも、それを微塵《みじん》も感じさせない「顔で笑って肚《はら》で泣く」人なのです。

寅さんが遊び人に憧れて、テキ屋稼業を続けることができるのも、どんなことがあっても涼しい顔ができる「粋な男」であろうと意識しているからなのでしょう。

それでも、お金の苦労はしたくない。毎日、楽しく笑って暮らしていたい、とは誰しも思うこと。寅さんも時々、そういう安易な考えを抱くことがあります。

第17作『寅次郎夕焼け小焼け』で、寅さんは、飲み屋で知り合った気の毒な老人を、親切心からとらやに泊めます。しかし、その傍若無人ぶりに家族は辟易《へきえき》してしまいます。

老人は、とらやを宿屋と勘違いしていたことを謝罪して、宝珠の絵を描いて、神田の古本屋に持っていくように寅さんに頼みます。

なんとそこで老人は日本画の大家・池ノ内青観（宇野重吉）と判明します。しかも、その落書きのような絵が、七万円の高値で売れてしまったから、寅さんは、取らぬたぬきの皮算用です。

満面の笑みを浮かべ「博のやつは、裏の工場辞めさせちまえ。おいちゃん、お前も団子なんか作るの止《や》めろ」とむちゃくちゃなことを言い出します。今回は、そのときの寅さんのことばです。

この後、寅さんは、兵庫県龍野で偶然再会した青観先生のお座敷で、芸者のぼたん（太地喜和子）と出会います。やがてぼたんが、悪い男にお金を騙《だま》しとられていることを知った寅さん。彼女のために一肌脱ごうとします。寅さんだけでなく、家族やタコ社長たちは、ぼたんが苦労して貯めたお金を取り戻すため、自分は何ができるかを、真剣に考えて行動します。

その気持ちは、決してお金で買えるものではありません。やがて、その善意は青観先生にまで広がり、幸福感に満ちたラストシーンが訪れます。このラストを見るたびに、ぼくは本当の意味で「ホカホカホカホカホカ」した気分になるのです。

あのな、早いとこ、
この土地の言葉憶えて、
いい友だちを作んな。よかか？

第42作『男はつらいよ　ぼくの伯父さん』から

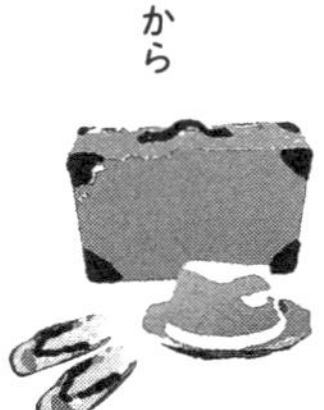

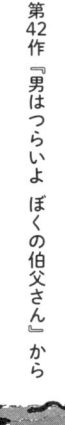

悩める若者へのエール

かつて寅さんは、義弟の博にこんなことを言ったことがあります。

「気持ちだけはあるんだ。でも、いくら気持ちだけあったって、何してやりゃいいんだかわかんねえんだよ」（第27作『浪花の恋の寅次郎』）

困っている相手がいるが、何をしてあげたらいいか、どうしたらいいか、わからない。これは誰しも思うこと。特に若いときに、恋をしているのなら尚更《なおさら》のことです。

寅さんも恋を重ね、穏やかに歳を重ねていくうちに、人を想うことにかけては誰にも負けない、若者にとっては頼もしい存在となってきました。

第42作『ぼくの伯父さん』では、おいの満男は、恋に悩む浪人生となっています。初恋の人・及川泉の両親が別居して、母方の親戚のいる佐賀県に引っ越したことを知った満男。寂しい想いをしているだろう泉のために、何かできないかと、バイクで九州まで会いに行きます。

バイクで疾走する満男の映像に、徳永英明さんの「MYSELF～風になりたい～」が流れるショットは瑞々《みずみず》しく、ここから『男はつらいよ』は青春映画として新たに輝き始めた、とぼくは思います。

満男の行動は、泉を驚かせ、何よりの慰めになったはずです。満男が東京へ帰った後、泉の叔父（尾藤イサオ）に皮肉を言われた寅さんが「私は、おいの満男は間違ったことをしていないと思います」と擁護するシーンは、以前、拙著『寅さんのことば　風の向くまま 気の向くまま』（中日新聞社）で取り上げました。

その後、寅さんが泉を訪ねて高校に行き「満男が迷惑かけたらしいな」とさりげなくフォローをします。これが寅さんなのです。泉は「何とも思ってない」と明るく答えます。

寅さんの顔を見たとき、泉の顔がパッと輝きます。ぼくはそこに彼女の孤独を感じます。別れ際、その泉に寅さんがかけるのが、今回のことばです。これは寅さんが渡世で身につけてきたセオリーです。

泉は、これからもこの地で生きていかなければならない。寅さんの「よかか?」に、泉は「よか」とニッコリ答えます。このシーンは、悩める若者たちへの、寅さんからの最高のエールでもあるのです。

歌子さんこれから
長旅で疲れて帰って来るんだから、
二階へスッと行って
布団をサッと敷いてやる、
いいね。

第13作『男はつらいよ　寅次郎恋やつれ』から

思いやりの最高のかたち

吉永小百合さん演じる歌子は、第9作『柴又慕情』と第13作『寅次郎恋やつれ』の二本に登場します。

父一人娘一人で暮らす歌子は、小説家の父・修吉（宮口精二）との確執に悩み、父に反対されながらも、陶芸家の青年との結婚を決意します。歌子の背中を押したのが寅さんでした。

寅さんとの楽しい日々が、何かにつけ気後れしがちだった歌子の心を明るくし、積極的な行動に出ることができたのです。

それから二年、島根県津和野町で再会した歌子は、夫と死別、夫の実家で暮らしていました。『寅次郎恋やつれ』は、そんな二人の再会から物語が動き出します。

「寅さんに会えて嬉しかった。とっても嬉しかった」と歌子。寅さんは精いっぱいの気持ちで「今、幸せかい？　何か困ったことないかね」と言います。人の幸せを願うことが寅さんの真骨頂です。それは恋愛感情でもあるのですが、寅さんは、まず相手の身になるのです。

渥美清さん自身がそういう人だったと、山田洋次監督がラジオ番組「みんなの寅さん」に出演して下さったときにおっしゃっていました。それが渥美さんの「趣味」だったと語る山田監督の向こうに、渥美清さんという方を感じることができました。

やがて、寅さんは別れ際、歌子に「もし何かあったら葛飾柴又のとらやへ訪ねて行きな。悪いようにはしねえからな」と精いっぱいのことばをかけます。悲しみの中の再会ですが、この別れのことばに、寅さんの優しさ、温かさが溢れています。

そのことばに背中を押された歌子が上京、とらやを訪ねて来ると聞いた寅さん。例によって大はりきりです。おいちゃん（二代目・松村達雄）に布団を敷くように指示し、博には「風呂沸かせ」と命じます。そのとき寅さんは「歌子さんこれから長旅で疲れて帰って来るんだから」と言います。「来る」ではなく「帰って来る」。寅さんの胸に去来する、夫に先立たれた歌子の無念さ、自分には何ができるんだろうという思い。居場所のない歌子にとってとらやは、帰って来る家なのだという、寅さんの気持ち。

これがぼくらにも、とても嬉しいのです。

姐さんの芸を
見に来たと思えば、
腹も立たねえだろう。

第14作『男はつらいよ　寅次郎子守唄』から

人間と芸への讃歌

渥美清さんは、佐藤蛾次郎さんにあいさつ代わりに「面白い映画観たか」と決まって聞いたそうです。

第40作『寅次郎サラダ記念日』以降、とらやから屋号が変更されたくるまやの店員・三平役でレギュラーとなった北山雅康さんにも、映画やお芝居を「観ているかい」と尋ねるほど、常に「何が面白いか」のアンテナを張っている人でした。

シリーズ後半の名脇役、笹野高史さんが『男はつらいよ』に出演するはるか以前、笹野さんが出演する小劇場の舞台を、渥美さんがこっそり客席で観ていたことがあったそうです。

第35作『寅次郎恋愛塾』のロケ地、長崎・上五島で旅芝居一座の芝居を、関敬六さんと観た渥美さん。「お見事！」と大向こうから声をかけ、座長が大はりきりだったと、関さんから伺いました。

渥美さんは芸を愛した見巧者《みごうしや》だったと、誰もが口をそろえて言います。『大辞林』によれば、見巧者とは「芝居などを見なれていて、見方のじょうずなこと」です。

第14作『寅次郎子守唄』で、寅さんは、佐賀県呼子港に向かう渡船の船着き場近くのストリップ小屋の裏側で、ぼんやりと水面を見つめています。

小春日和ののどかな午後、ストリップ小屋の踊り子と思しき女性（春川ますみ）が、赤ん坊を背負った男（月亭八方）を渡船まで見送っています。

寅さんは「ここで踊ってんのかい?」と女性に声をかけます。「こんな景色の良かっこ来て、暗かところで女の裸見て、どこがよかっかねえ」と女性は、自嘲気味に答えます。

そのときに、寅さんは優しい口調で「別に裸を見るわけじゃねえよ。姐さんの芸を見に来たと思えば、腹も立たねえだろう」。それをアンパンの入った袋を、何も言わずに女性に差し出す寅さん。それをほおばりながら、海を見つめる二人。

このときの寅さんに、見巧者である渥美清さん自身を感じます。渥美さんは、昭和二十年代末、浅草のストリップ劇場でコメディアンとしてのキャリアをスタートさせました。芸に生きる人々の苦労や喜びを知っている人だからこそ、芸を愛しているのだと、ぼくはこのシーンを見るたびに思うのです。

大丈夫だよ、まだ若いんだし、
これからいいこと
いっぱい待ってるよ。

第39作『男はつらいよ 寅次郎物語』から

慰めはさりげなく慈悲深く

寅さんは、困っている人がいると、黙っていられません。見て見ぬふりができないのです。人は誰しも、心に屈託を抱えています。ああすれば良かった、こうすれば良かった。寅さんでなくても、後悔と反省の日々を過ごしているのです。

第39作『寅次郎物語』は、寅さんのテキ屋仲間の遺児・秀吉少年（伊藤祐一郎）を連れ、風の便りに和歌山にいるという母親・おふで（五月みどり）を訪ねる物語です。郡山の施設を抜け出して、名付け親である寅さんに会うべく、柴又へ訪ねてきた幼い秀吉のために、寅さんは行動を起こします。

かつて、おふでがいた奈良県は吉野の宿にたどり着いたとき、旅の疲れで秀吉は高熱を出して、大騒ぎとなります。しかし、たまたま隣の部屋に泊まっていた、高井隆子（秋吉久美子）が、懸命に看病をしてくれます。

名前も知らずに「とうさん」「かあさん」と呼び合う、寅さんと隆子の看病の甲斐あって、秀吉少年は快癒します。酒を酌み交わしながら、身の上話をするうち、隆子は泣き出します。「私、粗末にしてしまったのね、大事な人生なのに」と。

隆子には、それほど自分を大切にしてくれない恋人がいて、その男性とこの宿で待ち合わせていたのですが、相手の都合でそれが叶わず、やけ酒を飲んでいたところ、寅さんの部屋での秀吉の発熱騒動に気づいて、行動を起こしたのです。

もしも自分が恋人と過ごしていたら、とそれまでの自分を振り返って、涙を流す隆子。寅さんは、隆子の話を聞きながら頷き、深く立ち入ることなく、ひとこと言ったのが、今回のことばです。

寅さんは「大丈夫だよ」とことばをかけます。人生何があっても、自分さえしっかりしていれば、命まで取られることはない。寅さんは、長い渡世でそのことを知っています。寅さんのことばに隆子は「そうね、生きてて良かった、そう思えるようなことがね」と感じ入ります。「生きてて良かった」。そう感じるから、人は生きているんだ。この作品は、それをさりげなく描いているのです。

**俺もね
母親知らねえで育ったんだ。
だからどうも、こういうチビ見ると
他人事とは思えなくってよ。**

第14作『男はつらいよ　寅次郎子守唄』から

袖摺り合うも…の世界

佐賀県は唐津市、呼子港のほど近くのひなびた旅館。寅さんの隣室で、乳飲み子を抱えた男（月亭八方）は、泣き止まない赤ちゃんを前に途方に暮れています。見兼ねて「こっち来て、一緒に飲《や》んないか。一人じゃ酒もうまかねえや」と部屋に誘います。

袖摺り合うも多生の縁。寅さんは、こうして旅先で見知らぬ人と縁を結ぶことがしばしばです。それは相手にもよるのですが、寅さんは性善説を信じています。気の毒だと思ったら、すぐに行動してしまいます。

昼間、ストリップ小屋の踊り子から経緯を「聞いたよ」と寅さん。酒を酌み交わしながら、男の愚痴を聞いてやります。女房に逃げられた男の弱さ、情けなさ、狡さを、月亭八方さんが見事に演じています。そして寅さんは男に同情していたわけではなく、こんな男と逃げた女を両親に持った、この赤ん坊を不憫に思っていたのです。

寅さんはとらやの五代目・車平造と柴又芸者のお菊（ミヤコ蝶々）との間に生まれた庶子でした。第2作『続 男はつらいよ』によれば昭和四（一九二九）年頃、お菊は乳飲み子を抱え困り果て、赤ん坊をとらやの前に置いて、そのまま関西へ鞍替《くら》えしてしまいます。だから寅さんは、さくらの母とは生《な》さぬ仲、血縁ではありません。父親の理不尽な暴力に反発しながら、つらい少年時代を送った寅さんは、優しい育ての母に恵まれながらも、心の片隅で「瞼の母」を追い求めていました。

「だからどうも、こういうチビ見ると他人事とは思えなくってよ」は寅さんの本音です。自分のようなつらい想いはさせたくないのです。

時折、語られる寅さんの少年時代のエピソードに触れると、寅さんが十六歳で家出したのも「本当の母親に会いたい気持ち」からかもしれないと思います。第2作『続 男はつらいよ』は、その「瞼の母」お菊との再会の物語でした。京都でラブホテルを経営しているお菊は、寅さんの顔を見るなり「銭か」と言い放ち、二人は壮大な親子げんかをします。しかし二人の間には蟠《わだかま》りはなく、その後も行き来していたことが、第7作『奮闘篇』で明らかになります。

さて、赤ん坊を抱えた男と酒を酌み交わした翌朝、寅さんの親切に甘えて、男は赤ん坊と置き手紙を置いて姿を消します。袖摺り合うも多生の縁で、かけた情けが仇となり、寅さんは赤ちゃんを背負って、九州から柴又までやっとの思いで帰ることとなります。

東京は葛飾柴又、江戸川のほとりよ。

第29作『男はつらいよ 寅次郎あじさいの恋』から

誇らしい故郷と家族

誰にでも故郷があります。ぼくは、生まれも育ちも東京は足立区の団地です。子供の頃、「故郷がなくて寂しいでしょう」と言われたことがありますが、ぼくにとっては、３ＬＤＫの公団住宅が故郷です。そして、幼い頃から映画館で家族と一緒に観た『男はつらいよ』に映し出される数々の風景が、心の原風景でもあります。

寅さんの「私　生まれも育ちも葛飾柴又です」で始まる仁義は、車寅次郎という人の存在証明でもあります。主題歌のイントロにのせた、この声が聞こえてくると、ぼくは心の故郷に帰ってきた、そんな気持ちがします。

今回のことばは、第29作『寅次郎あじさいの恋』で、寅さんが長野県大町市の木崎湖を旅しているときのせりふです。旅先で寅さんが「どこなんだ？　君の故郷は？」と問われ、「東京は葛飾柴又、江戸川のほとりよ」と答えます。誇らしげに、胸を張って、言っている感じがとてもいいのです。

このシーンはタイトルバックで、主題歌の一番と二番の間の短い場面です。タイトルバックといえば、サイレント喜劇のようなコミカルなものや、寅さんが旅をしている姿、時にはさくらが自転車で江戸川沿いを走っている光景もありました。

このときは、長い間奏の間に湖畔のテーブルで、ハガキを書いている寅さんが「懐かしい」という漢字を、近くで絵を描いているおじさんに尋ねて、結局、代筆を頼むことになります。

日曜画家であろうおじさんを演じていたのは、劇団民藝《みんげい》のベテラン俳優・田口精一さんです。二人のやりとりが実にいいのです。

そこで寅さんは、とらやの話をします。忙しいときには近くに住んでいる妹が手伝いに来る話をして「これの名前が、さくらといって、たった一人の俺の妹だ」と、立ち上がって、美しい木崎湖の情景を前に、誇らしげに言うのです。

いつも寅さんは故郷を誇らしく思い、家族を大切にしていることを、こうしてさりげなく口にします。寅さんにとっての故郷は、単なる場所ではなく、そこに住んで自分を思ってくれる家族であり、その懐かしい顔に想いを寄せることなのです。

いくら可愛《かわい》くっても、
妹じゃしょうがねえや。

第3作『男はつらいよ　フーテンの寅』から

フーテンの自覚と見栄

シリーズ初期の寅さんは、パワフルで、とにかく勢いがあります。渥美清さんのハツラツとしたエネルギーに圧倒されるほどです。あらためて初期の作品を見返すと、後期のしみじみした味わいとはまた別の「若い寅さん」の魅力があります。

寅さんの反省の弁に「愚かしきことの数々」というフレーズがありますが、第5作『望郷篇』あたりまでの作品の寅さんの行状も、恋愛も、どこか勢い余って、という感じがします。それが映画で描かれる前の、車寅次郎の若かりし頃を、ぼくらにイメージさせてくれるのです。

テレビ版『男はつらいよ』で東盛作というペンネームでシナリオに参

加していたのが、映画『ペコロスの母に会いに行く』（二〇一三年）の森崎東監督です。山田洋次監督とは、寅さん前夜、ハナ肇さん主演の『なつかしい風来坊』（一九六六年）などで共同シナリオを書いている盟友でもあります。第1作『男はつらいよ』のシナリオにも参加している、いわば寅さんの生みの親の一人です。

その森崎監督がメガホンを取った第3作『フーテンの寅』は、いろいろな意味で異色作です。「旅先の寅さん」がテーマで、おそらくは、さくらたちも知らないだろう「愚かしきことの数々」がそれこそパワフルに展開されています。

その冒頭、木曽は奈良井の越後屋という宿で悠木千帆《ゆうきちほ》（のちの樹木希林《ききき りん》）さん演じる仲居さんから「あんた、家や親兄弟があんのかね？」と問われた寅さんが「故郷《くに》に帰りゃ、これ、この通り、れっきとした家族が待ってらぁ」と、とらや一同の家族写真を見せます。

まだ赤ちゃんの満男を、自分の子供だと言う寅さんを羨《うらや》ましがる孤児の仲居さん。ちょっと得意げな寅さんですが、それが嘘だということをぼくたちは知っています。写真のさくらの顔に「母ちゃん、ごめんよ」と寅さんはキスをします。

孤独な旅の空で、家族を想う寅さんが、少しだけ見栄を張っているのは、その心情がわかるだけに、なんとも切ないです。今回のことばは、その後、一人になった寅さんのつぶやきです。おかしくも悲しい、旅人の願望を垣間見る一コマです。

お懐かしゅうござんす。
おっ母さんの倅《せがれ》、
寅次郎でござんす。

第2作『続　男はつらいよ』から

懸命に生きるということ

「今を去る三十八年前、雪の降る寒い夜……」。寅さんは夢の中で、瞼の母との再会を果たします。第2作『続 男はつらいよ』の冒頭、初めての「寅さんの夢」は、実母への切ない想いが描かれています。その「夢」で母にかけるのが今回のことばです。

寅さんは父・平造が芸者のお菊に産ませた子です。戦前の不景気な時代、お菊は、まだ赤ちゃんの寅さんをとらやに置いて、関西へと鞍替えをしてしまいます。そんな寅さんを、実の子のように育ててくれたのが、さくらの母でした。

十六歳で家出をした寅さんは、いつも故郷で暮らす家族に想いを馳せていました。同時に、実母との再会を心から望んでいたことが、このシーンからわかります。

「瞼の母」といえば、真っ先に思い浮かぶのが、劇作家で小説家の長谷川伸が、昭和五（一九三〇）年に発表した同名戯曲と、数々の映画化作品です。

主人公・番場の忠太郎は、五歳で母親と生き別れて二十年、まだ見ぬ母の姿を追い求めて、旅の渡世を生きています。忠太郎は、今は料亭の女将となっている実母との再会を果たすものの、今の生活を大事にしている母に、冷たくあしらわれます。寅さんのことですから、芝居や映画で観た『瞼の母』の忠太郎と自分の境遇を重ね合わせていたのかもしれません。

さて『続　男はつらいよ』の夢の中で再会した母を演じていたのは、

戦前からのベテラン女優・風見章子さんです。映画の中盤、お菊が京都の花街でラブホテルを経営していると聞いた、寅さんとマドンナの夏子(佐藤オリエ)が、お菊と勘違いしていたのが、その風見章子さん演じる、ホテルに勤めるお澄でした。

そこで登場するのが、ミヤコ蝶々さん演じるお菊です。寅さんの抱いていたイメージは崩れ去り、それが笑いとなります。蝶々さんと渥美清さんの、迫力ある丁々発止のやりとりは、お菊と寅さんが、それぞれ懸命に生きて来た人生をのぞかせてくれます。

この母にして、この子あり。二人が仲良く京都を歩くラストは、実に幸福な気持ちになります。

あとがき

『男はつらいよ』第1作から半世紀、第50作『男はつらいよ　お帰り　寅さん』で再び、スクリーンに寅さんが帰ってきました。満男やさくらたちが、寅さんを想う姿を観て、観客であるぼくたちもまた、寅さんを親戚の伯父さんのように想っていることを実感しました。

この最新作には、たくさんの「寅さんのことば」がちりばめられています。山田洋次監督と渥美清さん、数多くのスタッフ、キャストにより生み出された『男はつらいよ』の世界は、素敵な「ことば」の宝庫です。「寅さんのことば」は、平成二十五（二〇一三）年から、平成二十七（二〇一五）年にかけて、東京新聞、中日新聞、北陸中日新聞に連載しました。名場面の紹介や映画解説ではなく、車寅次郎という人物が紡ぎ出した、数々の「ことば」についてのコラムです。

今回は、これまで単行本未収録の「寅さんのことば 第2部」（二〇一四年四月二日〜二〇一五年三月二十五日）からセレクトし、書き下ろしを加えました。

寅さんは、相手の身分や立場で、人を判断しません。浮き世の苦労を知っているからこそ、精いっぱいの気持ちで寄り添って、優しくことばをかけてくれます。

昭和から平成、令和へと時代は移り変わり、世の中も大きく転換してきました。生きづらい時代だからこそ、人を思いやる優しき「寅さんのことば」は、明日への希望や、生きていて良かったことを実感させてくれるのです。

脚本家一覧（※数字は話数、本書での紹介順）

8 『寅次郎恋歌』山田洋次、朝間義隆
48 『寅次郎紅の花』山田洋次、朝間義隆
41 『寅次郎心の旅路』山田洋次、朝間義隆
35 『寅次郎恋愛塾』山田洋次、朝間義隆
22 『噂の寅次郎』山田洋次、朝間義隆
19 『寅次郎と殿様』山田洋次、朝間義隆
38 『知床慕情』山田洋次、朝間義隆
31 『旅と女と寅次郎』山田洋次、朝間義隆
12 『私の寅さん』山田洋次、朝間義隆
32 『口笛を吹く寅次郎』山田洋次、朝間義隆
23 『翔んでる寅次郎』山田洋次、朝間義隆
16 『葛飾立志篇』山田洋次、朝間義隆
28 『寅次郎紙風船』山田洋次、朝間義隆
36 『柴又より愛をこめて』山田洋次、朝間義隆
5 『望郷篇』山田洋次、宮崎晃
1 『男はつらいよ』山田洋次、森崎東
20 『寅次郎頑張れ！』山田洋次、朝間義隆
45 『寅次郎の青春』山田洋次、朝間義隆
9 『柴又慕情』山田洋次、朝間義隆
30 『花も嵐も寅次郎』山田洋次、朝間義隆
15 『寅次郎相合い傘』山田洋次、朝間義隆
25 『寅次郎ハイビスカスの花』山田洋次、朝間義隆
37 『幸福の青い鳥』山田洋次、朝間義隆
34 『寅次郎真実一路』山田洋次、朝間義隆
24 『寅次郎春の夢』山田洋次、朝間義隆、栗山富夫、レナード・シュレイダー
21 『寅次郎わが道をゆく』山田洋次、朝間義隆
43 『寅次郎の休日』山田洋次、朝間義隆
48 『寅次郎紅の花』山田洋次、朝間義隆
10 『寅次郎夢枕』山田洋次、朝間義隆
26 『寅次郎かもめ歌』山田洋次、朝間義隆
17 『寅次郎夕焼け小焼け』山田洋次、朝間義隆
42 『ぼくの伯父さん』山田洋次、朝間義隆
13 『寅次郎恋やつれ』山田洋次、朝間義隆
14 『寅次郎子守唄』山田洋次、朝間義隆
39 『寅次郎物語』山田洋次、朝間義隆
14 『寅次郎子守唄』山田洋次、朝間義隆
29 『寅次郎あじさいの恋』山田洋次、朝間義隆
3 『フーテンの寅』山田洋次、小林俊一、宮崎晃
2 『続 男はつらいよ』山田洋次、小林俊一、宮崎晃

〈著者プロフィール〉
佐藤利明（さとう・としあき）
娯楽映画研究家、構成作家、ラジオ・パーソナリティー。ハナ肇とクレイジーキャッツ、『男はつらいよ』、エノケン・ロッパなどの昭和の喜劇人の魅力を、新聞連載やコラム、CDアルバム、映像ソフトのプロデュースを通して紹介し続けるエンタテイメントの伝道師。特にCS衛星劇場「私の寅さん」、文化放送「みんなの寅さん」、夕刊フジ、中日新聞、東京新聞、CD「寅次郎音楽旅」四部作等、寅さん博士としての活躍は有名。著書に『クレイジー音楽大全 クレイジーキャッツ・サウンド・クロニクル』(シンコーミュージック・エンタテイメント)、『寅さんのことば 風の吹くまま 気の向くまま』(中日新聞社)、『石原裕次郎 昭和太陽伝』『みんなの寅さん from1969』(ともにアルファベータブックス)などがある。

寅さんのことば
生きてる? そら結構だ

2019年12月10日　第1刷発行

著　者　佐藤利明
発行人　見城 徹
編集人　福島広司

GENTOSHA

発行所　株式会社 幻冬舎
〒151-0051　東京都渋谷区千駄ヶ谷4-9-7

電話　03(5411)6211(編集)
03(5411)6222(営業)
振替　00120-8-767643
印刷・製本所　株式会社 光邦

検印廃止

ISBN978-4-344-03548-5　C0095
幻冬舎ホームページアドレス　https://www.gentosha.co.jp/

この本に関するご意見・ご感想をメールでお寄せいただく場合は、
comment@gentosha.co.jpまで。